Real Estate Investment

元手50万円を月収50万円に変える不動産投資法

小嶌大介
Daisuke Kojima

ぱる出版

まえがき——限られた時間を自分らしく好きな人と過ごしたい

本書を手に取っていただき、ありがとうございます！

関西に住むデザイナー大家こと、小嶌大介と申します。

本書の初版が発売されたのが２０１７年8月。時間が経つのは早いもので、すでに4年前になります。当時は今よりもずっと不動産投資の勢いが良く、融資もジャブジャブといっていいほど緩かったです。

あれから新築シェアハウス「かぼちゃの馬車」事件やスルガ銀行をはじめとした金融機関の不正が問題となったり、民泊などインバウンドに打撃を与えた新型コロナウイルスが流行ったりと、世の中は思ってもみなかった方向に進んでいますが、僕が行っている投資はなんら変わりはありません。


本書の改訂にあたって、当時と今を比べても基本の内容というのは同じで、4年間経ってもほとんどブレていないことに改めて気付きました。

根本的なことはすべて4年前に書ききっていますが、この間に自分自身が変化を遂げています。不動産投資の規模も拡大したし、付き合う人も増えたし、視野も広がりました。マインドはほとんど変わっていないけれど考え方が追加された感じです。世の中にはさまざまな人がいて、多くの選択肢があることも知りました。その結果、自分の考えが一番正しいと思うことがなくなりました。平たく言うと、角が取れてきたのです。

当たり前ですが、人生は一回きり。僕もあなたも、最終的にはもれなく確実に「死にます」。もしかして、一年後には重い病気になるかも知れません。

僕は限られた時間を常に自分らしく、好きな人と会い好きな時間を過ごしたいと願い、大事なことのために本気で悩んだり笑ったりできる人生を選びました。

僕は自分の廃屋不動産の再生事業が「天職」だと思っています。

激安物件を手に入れた時、血が騒ぎます。プランを考えている時、ワクワクします。工事が終わり、稼動し始めたら入居者さんの顔も見えているので、デザイナー時代以上にクリエイティブに感じています。

今回、この書籍で伝えたいことは4年前と変わりません。

仕事まみれで希望が見えないあなた、自分の自由な時間がないあなたに、自分らしく生きていける道しるべになりたいと思います。

自分のための時間をどれだけ使っていますか？
あなたらしく生きていますか？
愛する家族を守れますか？

家族のこと、両親のこと、自分が大事な人たちのためにできることが多くあります。時間がないから、自分の夢や希望を叶えられない……どうか、そんな風に思わないでください。諦めたら、そこが終点なのです。

もがいてもがいて這い上がろうとする、その気持ちを大切にしてください。必ず結果は出ます。何があっても自分の生き方を実現してください。本書が皆さんの人生を変えるきっかけになれば著者としてこんなに嬉しいことはありません。

※本書は『50万円の元手を月収50万円に変える不動産投資法』（２０１７年８月刊）を大幅に加筆・修正したものです。

たった２年で「社畜」から脱出できた‼

元手50万円を月収50万円に変える不動産投資法

もくじ

序章　不動産投資の失敗　情報弱者はカモになる！

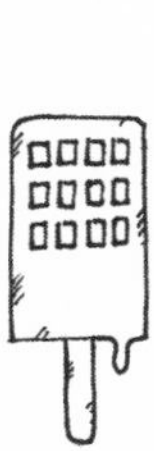

第1章　寝られない、帰れない……社畜の日々

第2章 元手50万円から不動産投資を開始、たった2年で社畜脱出

第3章 平均利回り30%、キャッシュマシーンをつくり増やす

第4章 100万円以下からスタートできる廃屋再生投資とは？

第5章 投資を始める前にやっておくべきこと

第6章 まず、どんな物件を購入すべきか

第7章 ここが重要！ ターゲット選定とリフォーム術

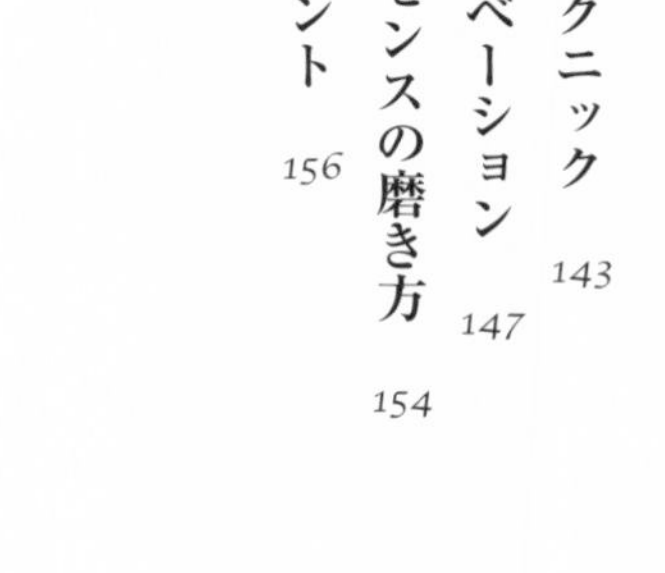

第8章 物件力を高める客付から利益確定・売却まで

第9章 《事例》短期で社畜から脱出を目指す4人の実例

終章 社畜脱出後、さらなる成功へ!!

カバーデザイン▼EBranch 冨澤 崇
本文図版・イラスト▼小嶌大介
本文デザイン▼Bird's Eye

序章

不動産投資の失敗
情報弱者はカモになる!

01

不動産投資における成功・失敗とは？

そもそも不動産投資は時間とお金の自由が確保できる数少ない職業の1つです。たくさんある仕事の中で大家業が1、2を争うくらいそれに適しています。

ただ、数字がたくさんあるから正解というわけではなく、「いかに自分に適した不動産投資を選ぶか」が大事です。さまざまな手法がありますが、融資主体のハイレバレッジ投資ができる高属性コースと、僕のようにコツコツ段階を経ながら大きくなっていく低属性コース。極論では、この2種類があります。

その中でも失敗する人と成功する人がいます。不動産投資・大家業においての成功の基準値とは、大儲けではなく「生き延びること」にあると思います。

「最速で！」「最大で！」を意識しすぎると失敗する可能性が出てくるのです。それよりも商いとして生き続けることが成功します。

生き延びるための基準値を知って、不動産投資・大家業を続けてさえいければ失敗はしません。もちろん、ワンルームマンションの新築などを買わされているのは論外です。あれは不動産投資ではなく、買い物です。

02

こんな物件を買うと必ず失敗する ①高金利ハイレバレッジ投資

不動産投資には様々な失敗のパターンがあります。

不動産投資の大きな魅力として「レバレッジをかけられること」があげられます。少ないお金しか持っていなくても、銀行融資を受けて、不動産を買い増やして、より大きなお金を手に入れられるのです。

僕自身、最初は現金で買って2棟目からは融資を受けて購入しました。このように融資を上手に取り入れるのは、不動産投資で成功するための絶対条件ですが、レバレッジの使い方を間違えると大変なことになります。

「融資」といえば何となくカッコいいですが、要は返さなければいけない「借金」です。お金をしっかり稼ぎ出せない物件、所有するだけで莫大な経費がかかる物件を、高金利で借りてしまう……そんな物件を買ったら、借金は返せません。

過去によくあったのはRC造・鉄骨造の築古マンションを、表面利回り10％以下で買っているパターンです。不動産投資の初心者が、何億円もするような物件を購入しています。

築30年を経過しているにもかかわらず、金利4・5％で資金調達を行い、さらにそこから30年といった長期ローンを組んで、無理やりキャッシュフローを出そうとしているのです。キャッシュフローとは、家賃収入から月々のローン、賃貸経営にかかわる経費、税金などを差し引いた後に残るお金のことで「手残り」ともいいます。

本当はほとんどお金が残らないのに、融資の返済期間を引き延ばして、キャッシュフローが出るようにしているのです。

さらにオーバーローンにするため、信販系の金融機関で諸費用を貸りています。物件価格を全額借りることをフルローンといいますが、オーバーローンは物件価格の10％ほどかかる諸費用分まで借金します。

そのため、銀行の融資審査を通すべく、契約書の金額を書き換えることすら行いますし、投資家の年収や資産なども多くあるように見せかけます。不動産業者は不正行為をしてでも買わせたいのです。２０１８年に大問題となったスルガ銀行の不正融資はまさにそれです。

くわえて、こういった物件は、売るための罠がたくさん仕掛けられています。たとえば、空室が多ければ「サブリース」といって、業者が借り上げて満室に見せかけて売る……というようなこともします。

これは空室でも家賃が入るので一見安心に思えます。しかし、契約期間が過ぎたところで、サブリース契約が解除されてしまえば、空室になって家賃収入は入りません。そのようなことにでもなれば、自分の給料でローン返済する事態となります。

実際、月に40万円~50万円も持ち出しがあり、「どうしたらいいのか」と困っているサラリーマン大家さんもいます。

しかし、貸した金融機関も回収できなければ困ってしまいます。そのためにも投資家の「属性」が重要視されているのです。簡単にいえば「不動産投資で赤字になっても、給料で補てんできるくらいの高給取りに貸す」というのが金融機関の考えです。

よく言われていることですが、「雨が降っていないときに傘を貸す」のが金融機関で、雨に降られて困っている人には傘を貸しません。結局、お金がたくさんある人にお金をどんどん貸すので、いわゆる高属性の人はカモになりやすいのです。

03 こんな物件を買うと必ず失敗する ②競争力の欠如した新築投資

続いては需給バランスの崩れたエリアに競争力のない新築木造アパートを購入する失敗です。

基本的に新築の木造アパートは融資年数が伸びやすく、30〜35年のローンが組めます。こうした新築物件に取り組む金融機関はまだいくつかあり、少ない資金で取り組めるケースもあります。

過去のスルガ銀行の金利4・5%で何億円もの物件に取り組むハイレバレッジ中古マンション投資に比べて、金利も低い分だけ、この新築アパート投資の方がマシかもしれませんが、じわじわと被害が増えているようです。

千葉・埼玉・神奈川といった首都圏で盛り上がっていましたが、名古屋、福岡などでも同様の新築アパートがたくさん建てられて競合しています。

本書で紹介する廃屋物件に比べれば、ピカピカでキレイなアパートですから、基本的には入居者に好まれますが、まったく同じようなアパートが近所に山ほど溢れているのです。

人口も多く人気の街として有名な横浜市内ですら、新築して半年〜1年も入居が決まらないという大家さんの悲鳴を聞きます。

たとえば、横浜でよくあるタイプの新築アパートは、それこそ15平米以下のロフト付きで家賃7万円。あまり人気のない沿線の駅から徒歩10分強の微妙な立地にあり、横浜は坂の町ですから、アパートに着くまで長い坂道を上るということもよくあります。

地方の中古アパートよりは、横浜の新築アパートのほうが聞こえはよく、先述した中古マンションに比べて良い条件の融資が引けますので、投資家からも人気があります。しかし、そのようなエリアで大量供給されている、差別化できない物件を買ってしまった人は危険です。

新築には家賃下落がつきものです。供給過剰エリアでは築数年で家賃が数万円も下落することは珍しくありません。

同じ新築木造アパートでも5年後10年後、本当にその部屋でいくら賃料がとれるのか、家賃下落率をしっかりと考えて買っていかなければいけません。

本来、木造は法定耐用年数が22年ですから、基本的には22年の融資期間で採算の合う買い方をしなければいけません。単純に利回り8%の物件を22年で組んだら、普通なら返済比率が60%にはなるのです。

例として、1億円の物件を満室想定で家賃収入800万円。仮に金利2%で22年のローンを組んだとして計算してみましょう。

800÷12=66万円6000円

月々の返済額が46万円8000円ですから、返済比率が70%にもなり、とても危険です。

経費率でいうと、木造なら固定資産税や都市計画税が安いです。新築なので当初は修繕費がかからないと想定しても、やはり15～20％はかかります。

また、これは満室想定で空室のリスクは入っていません。

空室率、固都税、運営経費、修繕費のすべてを甘めに見て、経費率を3割とした場合でも、もうゼロかトントンです。これではキャッシュフローなど夢のまた夢です。

今の試算は融資期間22年フルローン、金利2％で計算しましたが、実際には、多くのサラリーマン大家さんは、融資期間を30年や35年にしています。

これは地方物件を低利回り高金利で購入した時と同様に、融資期間を伸ばすことで元金の返済を薄くして無理やりキャッシュフローが残るように見せかけているのです。

本書の初版が発売された２０１７年はとにかく融資がジャブジャブ出ていましたから、自己資金０で物件が買える代わりに地雷物件をたくさんありました。２０１８年に世の中を騒がせた新築シェアハウス「かぼちゃの馬車」も典型的な失敗新築です。

その後、サラリーマンに対して融資が厳しくなりましたが、それでも中古物件に比べて、まだ新築物件には融資が出やすいため失敗者が続出しています。直近では都内新築ＲＣマンションも流行っています。

04 残念な投資家の特徴は「情弱」

読者の皆さんは不動産屋さんのことを「不動産のプロ」であり、不動産投資は不動産屋さんが詳しいと思っている傾向にあります。

それは大きな勘違いです。彼らは「不動産を買わせるプロ」なのです。

百戦錬磨のプロからすれば、情報弱者はカモでしかありません。不動産投資ブームの影には、失敗者が続出しています。

何億円もする物件を買って、「やったあー！」と達成感に浸っていたら、そこは地獄への入り口だったりするわけです。

そうしたサラリーマン大家さんは儲けることや資産の拡大ではなく、「買うこと」と、「借金をすること」自体が目的になってしまっているのです。

自分が大きなリスクをとって投資をしていることに気づいていない人すらいます。

そして、失敗に気づいた時は手遅れであることがほとんど。売ったところで、借りたお金が返しきれず、借金が残ってしまいます。まさに身の破滅です。

不動産投資は情報が命です。

その情報を知っているか知っていないかで、大きな開きができます。結局のところ、情報弱者から情報強者に利益が吸い取られているわけです。

買って損するような物件を安易に買ってしまっている人は情報弱者です。その物件が安いのか、それとも高いのかをまったくわかっていません。

ババ抜きはすでにはじまっています。

融資が出やすかった時代こそ、ひどい物件をつかまされてしまうリスクはありましたが、多少の手出しかもしくはトントンで売ることができました。少しタイミングが早ければ利益が出る人もいたくらいです。

いずれにしても、ババ抜きのババを次の情弱投資家に渡して自分は逃げることもできたのです。しかしサラリーマンへの融資の扉が狭くなっている今は、そう簡単には融資は出ません。正確にいえば、融資は出るのですが「出す人」を選んでいるのです。その結果、情弱なカモとなる層は少なくなっています。

とくに地方の億単位の物件を所有する人の将来は暗いでしょう。ババ抜きのババを最後まで持ち続けたらどうなってしまうでしょうか。

武勇伝を誇るような著名投資家ですら、今は必死で売り逃げようとしています。この話の続きは136ページのコラム③をご覧ください。

05 失敗しない投資とは？

木造・鉄骨造・RC造のすべてにおいて言えることですが、基本的に残存耐用年数で融資期間を組み、しっかりとまわる利回りで買うことに尽きます。もしくは土地値以下の物件が理想です。

つまり、そこで買えるステージになるまで下積みをしなければいけないのです。繰り返しになりますが、耐用年数を超えた長期間融資は、未来の利益の先取りでしかありません。見せかけのキャッシュフローですし、将来に入ってくるであろう利益の前借りをしているにすぎません。

それともうひとつ、減価償却についてですが、当初のキャッシュフローを大きく取るために、設備償却を一気に取ってしまう人がいます。

最初こそキャッシュフローは出るのですが、最初に減価償却をとっている分だけ、デットクロスが早く来るのです。買う前に税金も考慮したシミュレーションをせず、業者の言いなりになっている人が多いということです。

本書は初心者向けに書いていますので、減価償却やデットクロスの詳細は割愛しますが、このような状態を回避すべく、築古の戸建て投資へ変更した人を、これまで僕は何人も見てきています。

銀行の融資付けもすべて業者任せ、管理も業者任せ。そのような人任せなやり方では当然ですが、儲かるものも儲からなくなります。それを熟知していれば、買わなかった物件もたくさんあることでしょう。

それから、大多数の人が売ることを想定していません。物件を5年保有して売ったとき、いくらで売れるのかを想定していないのです。入り口で高値づかみをしないために、出口を考えることは重要なポイントです。

実際には売らないにしろ、売らなければいけない状況になったとき、どうやって逃げきるのか？　これを常に考えておかなければ儲かりません。

最終的な土地値がいくらになるのか？

土地値まで残債返納がどれくらいかかるのか？

土地値ー解体費、土地値はプラスになるのか？

残債が土地値ー解体費になるまで、どれくらいかかるのか？

小規模な物件であれば、そこまで深刻になる必要はありませんが、億を超えるような物件ともなれば、当然そこまで考えるべきなのです。

難しい話が続いてしまいましたが、基本的には、この本の読者はカモにはならないし、なれません。なにしろ騙すメリットがないのですから、誰も騙さないでしょう。

僕の場合は規模が大きくなってきたら、金銭面でのトラブルが少し増えてきました。しかし、お金のないときに、そのようなトラブルなどありません。

お金を持っていない人は騙されるよりも、むしろ自分との闘いです。その物件が持っている「負の部分」と向き合うことが中心になります。当然、楽しいことばかりではありませんし、リスクもありますが、身の破滅につながるようなものではありません。

これから、この本でお伝えする不動産投資は、とんでもないボロ物件、家というより「廃屋」と呼んだ方が正しいような物件を買って、現在に置かれている状況から脱出するための実践的なノウハウです。

何にもない、まさにゼロからスタートして、がむしゃらに頑張って、少しずつ、でも確実に、お金を得られる方法です。

きちんとできれば、僕と同じく2年から3年でサラリーマンを卒業できるはずです。そして自立した新しい生活が実現できることでしょう。

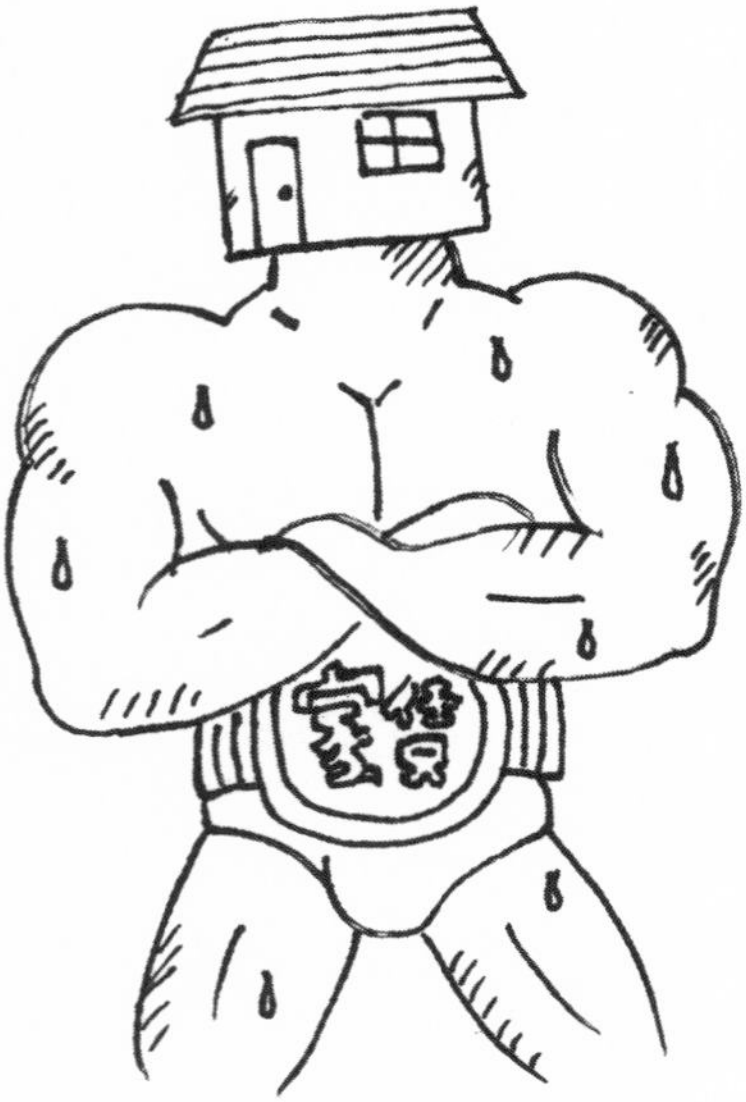
家賃

第1章

寝られない、帰れない……社畜の日々

06 浪速のやんちゃ少年、浪人して芸大へ！

第1章では、僕が不動産投資を始める前……遊んでばかりいた学生時代から過酷な社畜時代、それから自分自身の現実を知り、「お金」に向き合うきっかけまでの話をします。

僕は子どもの頃から絵を描くことが大好きで、特に図鑑を模写することに熱中していました。中でも動物図鑑がお気に入りで、それこそ一日眺めていても飽きませんでした。

こういう自己紹介をすると、いかにも内気な少年といったイメージを持たれるかもしれません。しかし、自分は生まれも育ちも大阪の人間です。さらに言うと、大阪の中でも「やんちゃな地域」で育ちました。だから絵が好きだけど、時にはやんちゃもするといった悪ガキでした。

父親は自営業で鉄工所を経営していました。経営者と言うと格好はつきますが、家族、親族で回している零細工場です。父親は中卒だったこともあり、お酒を飲むといつも学歴社会の愚痴を言いながらクダを巻いていました。

当然、親としては自分が行けなかった大学に、子どもをなんとか進ませてやりたいと考えるものです。しかし、そのころの僕は地域に染まったやんちゃな少年だったので、高校に行けるかも怪しいレベルでした。そこで親は、家庭教師の先生を付けてくれました。「何としてでも高校に受かるように！」と、1人でなく2人の先生に勉強を見てもらっていました。このように書くと「やはり社長の息子で金持ちじゃないか」と思われるかもしれませんが、現実はといえば、母親がパート仕事に出て、月謝を工面してくれていたのです。

そんな両親のおかげもあって、何とか高校にも合格できて、高校卒業後、美術系の短大に進学することになりました。親の愛には本当に感謝しています。

そして、短大の2年生の時、僕は4年制大学への編入を企てました。

この編入は狭き門ですが、「まだ社会に出たくない！」と逃げ腰な僕は、教授の作品を勝手に拝借し、ズルをして編入試験に挑んだのです。

「先生の作品を持っていったら、絶対に受かるやろ、ニヤリ」

そう思っていたのですが、結果は不合格。とりあえず短大を卒業した僕は就職もせず、1年間、絵の勉強に専念することにしました。

ただ、絵ばかり描いていると身体がなまるので、その頃からキックボクシングを始めました。まだまだ自分のやんちゃな部分は健在だったので、絵と格闘技の両立を自分なりの文武両道としていました。

そして努力が実って1年後、四年制の芸術系大学に入学できました。それと同時にキックボクシングのプロテストにも合格したので、プロキックボクサー芸大生でした。こうして、充実した学生時代を過ごし、就職活動も順調。新卒でデザイン事務所に就職できたのです。

07 キックボクシングとどつかれ屋の日々

デザイン事務所に就職してからは、広告業界で10年くらいクリエイターをしていました。職種はグラフィックデザイナーです。一見、オシャレなイメージの職種ですが、下積み期間が長く、いわゆるブラックな業界……とにかく毎日が激務でした。

昨年、大手広告代理店の若い子が自殺をしてニュースになりましたが、業界トップの会社すらあのような感じですから、現場で働く人間の労働環境なんて推して知るべしです。

そんな環境に身を置くと、現実逃避ではありませんが、「もしもまったく違う職業に就いていたら、どんな自分になっていたのだろう」ということに興味を持ちました。そこで20代の半ばに知人の紹介もあって、大阪の十三にある街金で取り立て屋を少しやりました。

その頃、もうひとつサイドビジネスも始めています。「殴られ屋」です。

就職を選んだ僕は、キックボクシングのプロを断念しますが、せっかく持っている格闘技の技能を、何かで活かせればと考えたのです。

当時はコブクロの歌が流行っていて、天王寺を歩けば弾き語りのミュージシャンを見かけたり、ストリートパフォーマーたちが目立ち始めた時期でした。

ある日、テレビで「借金返済のため、歌舞伎町に立つ殴られ屋」を特集していたのを視て「これや！」と思い立った僕は、東京の新宿までその「殴られ屋」さんに会いに行きました。

「大阪で面白い殴られ屋をしたいんです。『どつかれ屋』っていう名前で営業してもいいですか」と相談したところ、その本家の殴られ屋さんから営業許可がもらえました。そこで、サラリーマン業の傍ら、週末になると「どつかれ屋」として夜の街に立つことになりました。

当時、「どつかれ屋」は3人のチームで営業していました。僕は日本人男性を担当し、あとのメンバーは女性担当、外国人担当といった具合です。トータルで1000人ぐらい相手にしたと思います。

ところで「どつかれ屋」の収支ってどれくらいだと思いますか？

1分1000円が料金設定で、僕は1日で最高30人の相手をしたこともあります。お客さんは手加減なしで本気で殴りに来るので、それを頑張って全部よけます。もう必死です。

元プロですから酔っぱらいのパンチなら難なくかわせますが、中には喧嘩《けんか》慣れしているような人もいますから、パンチを貰う時もあります。その時はわざと派手にダウンします。それが自分の身を守るコツです（笑）。

こうして文字通り身体を張って稼いだ小銭を使って、仲間とスノーボードに行ったりしていました。平日は本業のデザイナー業で家に帰れないほど忙しい生活を送っていたので、その反動なのかプライベートではとにかく極端な遊びをしていました。

サラリーマンの仕事が過酷で大変だったから、息抜きとして週末の繁華街で「どつかれ屋」をやる。自分でも、ちょっとどうかしていたと思います。

また、夜の繁華街で「どつかれ屋」をやりながら、暇があればナンパをしたり、ホストの友達もできたりしました。

夜の街で目立ったことしていると、怖そうな人が怒鳴り込んでくることもあります。その時はすぐに土下座していました。「絡んできそうな人がきたな」と察したら、相手が怒鳴るよりも早く土下座です。「何やっとんじゃあ！」の「な」のあたりで土下座をしてやり過ごしていました。

そんなこんなで、変わったことをやっていると、「面白いやつがいる」という噂が広がって、テレビのローカルニュース番組でも取り上げられました。

嬉しかったのが、今は故き落語家の立川談志師匠が僕を褒めてくれたことです。「もし困ったら俺の事務所に来い」とまで言ってくれました。実際には行かなかったですけど

（笑）。「どつかれ屋」は3年くらいやって畳みました。楽しいこともありましたが、とにかく身体がしんどかったです。

08 デスマーチが止まらない!!

その間も、デザイン事務所でサラリーマンデザイナーとして働いていました。会社がブラックというよりは、業界そのものがブラック体質のため、これが普通という感覚でした。むしろ、途中で音をあげる人間を見て「ダメなやつ」とすら思っていました。平日は4泊5日でオフィスに泊まり込み、デスクの下に段ボールを敷いて仮眠を取っていました。

作業中、後ろで広告代理店の人が腕を組んで、指をトントンしながら「いつ終わるの？」と急かしてくるのです。こうなると全然クリエイティブではありません。意識が朦朧《もうろう》として、自分がＭａｃの周辺パーツのひとつにでもなったような錯覚に陥りました。

このような環境の広告業界には10年いたことになります。その間、ステップアップで事務所はいくつか移籍しました。

僕が主に手がけていたのがマス広告です。ありがたいことに、けっこう大きな仕事をさせてもらっていました。ＣＭをつくったり、タレント撮影のために東京へ行ったり、最後のほうになると、こうした現場をまかされることもありました。

つまり、仕事のキャリアという点でいえばかなり順調で、大きな仕事もたくさんさせてもらっていたのです。

手前味噌ですが、大阪では高いレベルの仕事をさせてもらっていたと自負しています。作品集を仲間に見せれば、「すごいな、ええのつくってるやん」と褒めてもらえました。もちろん、僕の腕だけではなくて、良い事務所に居たからというのも自覚していました。そのおかげで大手広告代理店の仕事もさせてもらっていたのです。

ただし、業務の大変さに給料がまったく追いついてこないのです。

これだけ大変な思いをしていたにも関わらず、年収は４００万円くらいでした。これが東京であれば、もっと年収はもらえていたのではないかと推測します。

フリーランスのグラフィックデザイナーとして仕事を続ける選択肢もありましたが、僕には独立してやっていける自信もありませんでした。なぜかといえば、辞める時にはこれまでの仕事のつながりは全部カットされてしまいます。

それが業界の掟ですから、一から取引先を見つけていかなくてはいけません。そのハードルを越えられるとは思えず、独立は考えられなかったのです。

09 年収500万円がピーク？　現実を知る

ここで転機が訪れます。

僕は28歳で結婚をして2人の子宝にも恵まれました。そして、31歳のころ、嫁さんが「家がほしい」と言い出したので、新築マンションのショールームや一戸建てのオープンハウスに足を運びました。

身軽な賃貸住宅が良いのか？　それとも将来持ち家が残る30年の住宅ローンを背負うべきなのか？

考えるのは家のことよりも、自分と妻と子どもの将来、親の老後、仕事。どう生きていくか、です。

自分の人生が今後どうなるのかわからない未確定な要素が多く、どう考えても決断できないので、お金のプロであるファイナンシャルプランナーに試算してもらうことにしました。

僕が稼ぐ金額に対して、子どもが2人いる状態で出費のバランスを見たり、自分が80歳まで生きると仮定してお金の動きを見てもらいました。未来の収入と支出のグラフでは、年収は500万円がピークとなり、55歳くらいから収入は減っていきますが、2人の子どもの大学の学費などを考えると、ローンを払えば何も残りません。

残らないどころかマイナスにすらなりえるのです。その結果を見せられ、「今後、生きていく意味はあるのかな?」と思いました。

僕は絶望しました。おそらく、ここから意識が変わったというか、火がついたのだと思います。見えない柔らかい真綿の首輪が自分の首にかかっている。歳を経るごとにこの首輪は確実に閉まっていく……そう強くイメージしたのが記憶にあります。

嫁さんの希望としては「家が欲しい」。しかし当時の年収は400万円です。手取り25万円という当時の収入で、3000万円のマンションを買うなど無謀です。将来、両親が要介護になったりすることも考えたら、なるべく自由がきくように、持ち家の値段は下げるべきだと結論づけました。

そして、まずは自宅という角度から不動産について勉強しました。区分マンション、一戸建て、新築、中古などのメリット・デメリット。ローン返済をしていくよりも早いスピードで価値が下がっていく不動産の現実など。

考え抜いたあげくに購入したのは、1250万円の中古の区分マンションです。

この地域は賃貸で住んでいたこともあり土地勘もありました。底値に変動がないのがわかっていたので恐れずに購入できました。15年の住宅ローンを組み、返済は管理費・修繕積立金込みで８万５０００円。今まで住んでいた賃貸住宅と同じくらいです。

リノベーションをする際にも、間取りや素材に至るまで沢山の本や資料を集め、納得のいく金額と内容でした。

このリノベ費用が３２０万円。知人から紹介してもらった店舗リノベが得意な一人親方に発注しました。このころからデザイナー職のモノ造りのスキルが活かされたと思います。

しかし、そんなこだわりのマイホームで、僕はわずかな睡眠をとるだけの毎日を送っていました。今でも印象に残っている記憶があります。

ある日、子どもに「お父さんは家どこなの？」と質問をされたのです。日中ほとんど家におらず、夜中に帰ってきて朝部屋の隅で寝ている人、それが当時の僕でした。

その時は、笑いながら「ここに住んでるやん」と返答したら、「いてへんし」と子ども。今では笑い話ですが、とても悲しかったです。振り返ると、最初の僕の夢は、家族で晩ごはんを一緒に食べることでした。

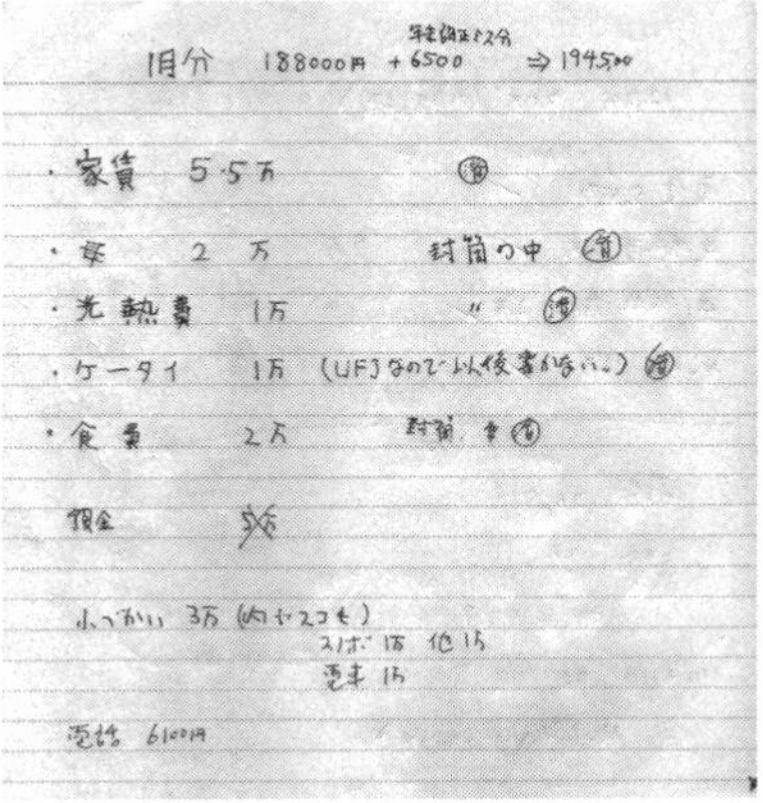

2004年頃、29歳の時に結婚して賃貸に住みながら子供が生まれた当時につけていた家計メモ。年収は300万円ちょっとで月給は額面で25万円だった。「母２万」は親への借金返済。

10 しんどい副業と失敗FX

サラリーマンデザイナーを10年やっていた中で、最後の2年くらいは会社員をやりながら不動産投資をしていました。いわゆるサラリーマン大家さんです。いきなり副業で不動産投資を始めたわけではなく、それまでには紆余曲折があります。

まず、家を買ったことがきっかけで、お金のことを真剣に考えるようになりました。自分の住まい、今後どう生きていくかライフプランを考えたことで、多少は脳みそがつきました。

それで足りない部分は稼ごうと思い、副業をスタートしました。毎日が苦しくて「このままじゃいけない！」という焦りから、何とかして副収入を得たかったのです。

最初に取り組んだ副業が「せどり」です。

ご存じない方のために「せどり」を簡単に説明すると、古本や中古のCD、DVDなどを安く買って転売し、利益を得る行為をいいます。

具体的には近所のブックオフに行って1冊ずつ本の値段を調べていくと、たまに数百円儲かる本が見つかる、といったことを繰り返していました。やがて手間の割には1件あたりの儲けが少なすぎると感じるようになり続かなくなりました。

次にやったのがアフィリエイトです。

その当時は家に帰るのが夜中の2時くらいでした。帰宅後は2時間半をホームページ制作作業にあてました。そして寝床に着くのが4時や5時で、8時半には起きて出社する生活です。相互リンクをもらうためにメールを送ったり、地道に頑張っていたのですが、これもモノになりませんでした。

FXもやっています。

巷でよく聞くFXの負け武勇伝では、数百万円や数千万円も珍しくありません。しかし、僕にとってタネ銭の30万円は、1年以上もかかって貯めた希望の光でした。

その当時は、毎日14時間から16時間もの時間をデザイン事務所でクリエイティブ業に明け暮れていました。

生活費として19万円くらいを家に入れて、小遣いの1万5000円は弁当とタバコ代に消えていきます。その小遣いから1年以上かけて捻出した、嫁さんには報告していない自分だけのお金がありました。

タバコは禁煙セラピーの本の力も借りながら、巻きタバコにしたりパイプで吸ったりして出費を抑えました。携帯電話もＰＨＳに変更し、身の回りの出費を徹底的に抑えていくことに専念していました。

そうやって貯めた、なけなしの30万円でＦＸを始めたのです。

にわか仕込みの知識でろくな勉強もせず、勝ったり負けたりを繰り返していた矢先、サブプライムローン問題で目の前のグラフは一気に急降下！

ボタンを何度押しても反応せず、苦労した結晶の30万円は跡形もなく消滅したのです。商売でも投資でも失敗すると何も残らない、真っ白になってしまうことを学びました。

あとは様々な情報商材を買いました。

高額な商材は、比較サイトを作って手数料ビジネスをする内容でした。きちんと行えばたしかに稼げるチャンスがあります。僕は30万円まで売上げたのですが、いわゆるラクして儲かる内容ではなく、作業がとてつもなく大変でした。

こうした副業をするのは家族が寝静まった深夜です。毎日そんな生活を続けていたら、疲労困ぱいするのも無理はありません。

そのため会社では夕方6時から9時の間に、3〜4回ほどトイレに行って、10分ほど仮眠を取るようにしていました。ちょっとした仕事の隙を見つけて眠るのです。洋式便器の蓋《ふた》を閉めた状態で座って目を閉じます。その際、10分で目覚めるようにアラームをセットしておくことを忘れてはいけません。

人間、わずか10分でも寝られるだけで心身がリフレッシュできることに気づきました。ほんの短時間ですが、それで回復するのです。当時は、とにかく何とかして、光が見えないかと足掻《あが》いていました。

慎ましやかな家庭

【コラム①】

ブラック企業勤めの僕が家を住み替えて学んだこと

マイホームを買ったことにより、生まれて初めて 1250 万円という大きな借金を背負った僕は、前述したように絶望的な気持ちになりました。当時の年収は 400 万円でたとえ昇給したとしても 500 万円で頭打ち。なけなしの給料からずーーっと返済をし続けなくてはいけないことにゾッとしたものです。

その後、中古の戸建てに住み替えることで劇的な収支改善をしています（詳しいエピソードは第 2 章の冒頭をご覧ください）。よく FP は住宅ローンについて「なるべく頭金をたくさんいれてローン負担を減らしましょう」、「繰り上げ返済をして、定年退職までにローンを完済しましょう」と言います。ある程度、不動産投資を知っている方ならおわかりでしょうが、それは偏った考え方です。

僕は住宅ローンを 35 年で組むことには賛成です。もちろん、住宅ローンが人生の足枷になったらイヤですが、住宅ローンを「資金調達」と考えるなら大いにアリです。こんなに長くこんなに低金利で貸してくれるローンを僕は知りません。

そもそも「借金＝悪」ではないのです。資金調達という発想は投資や事業特有のものですが、住まいに取り入れると借金をしても、家計も気持ちもラクになれます。僕の場合は、区分マンションでしたから管理費・修繕積立金を合わせると月々 10 万円程度の支払いが月々 4 万円ちょっとと半分以下にまで減りました。

その頃はすでに不動産投資をスタートさせていましたが、住宅ローンを上手に使うだけでテラス（それも家賃が高いやつ）1 戸分以上のお金が残るのです。しかも前に住んでいた部屋より断然広いですし、築年数は経っていてもリフォーム済です。

安物の B 級品ですが無垢板の床、嫁がこだわったアイランドキッチンのある家に住めて僕たち家族の暮らしは大きく変化しました。「家一つで人生は変わるんだ！」と不動産に対して、改めて可能性を感じたのです。

安い自宅の買い方については『持ち家で人生が変わった！最強の家探し』（プラチナ出版）に詳しくまとめていますので、良かったら読んでみてください！

第2章

元手50万円から
不動産投資を開始、
たった2年で社畜脱出

11 不動産投資との出会い

区分マンションに2年暮らした後、嫁さんから「欲しい一戸建てがあるので、住み替えたい」と強い要望がありました。

自分にとって一戸建ての購入は、あまりにも無謀に思えたのですが、とりあえず計算機を叩いたところ、1150万円で土地値以下というお買得な価格でした。

この頃になると、嫁さんも近所の土地の相場を網羅していたようです。不動産屋に聞いたところ、30年ローンで月々4万2000円の支払い、金利も1%弱です。場所もよかったので、買えるものなら買いたいと内覧に出向きました。

この物件は任意売却で、ローン返済が滞って売りに出されるという経緯があり、当時、まだそこに住んでいる家族は暗い雰囲気に沈んでいました。そんな中、嫁さんと息子が楽しげに内見をしていた姿が今でも目に焼きついています。

こうして物件は気にいったのですが、住宅ローンは一つしか組めません。

400万円の年収ではセカンドハウスローンも使えないため、銀行数件へ資料をもって交渉しました。そして、区分マンションを損切りしてでも、半年以内に売却という覚書をとることにより、新たに関西アーバン銀行で住宅ローンが組めました。

これにより月々の住宅ローン返済額は4万2000円になりました。それまで住んでいた区分マンションも無事に売ることができて、家計は一気にラクになったのです。

ここで身に染みたことがあります。

家賃や住宅ローンのような月々のランニングコストを抑えれば、暮らしにゆとりができるということです。「不動産ってすごい！」と実感した瞬間です。

このころからデザイナーにしては珍しく、お金の知識をつけていくことに興味を持ち始め、ざっくりとお金の世界や経済の仕組みを勉強しました。そこで不動産も投資商品であり、安定的な資産という認識を持つようになりました。

不動産の家賃収入に憧れたのは加藤ひろゆきさんの本を読んでからです。そのほかにもサラリーマン大家ブームだったので、たくさんのブログを読みました。

僕が「不動産投資ならイケる！」と確信した理由はまだあります。

仕事の撮影でよく東京のハウススタジオを利用していました。ハウススタジオは写真で見る印象は豪華絢爛ですが、実際には張りぼてみたいなものです。

とりあえずペンキで白に塗ってあります。真っ白な背景を白ホリゾントといいますが、そこにオシャレな雑貨を置き、ライトを照らして成立させています。身も蓋もない言い方ですが雰囲気をつくっているだけなのです。

僕はそこから「廃墟でもボロでも全部ペンキで白く塗ったら大丈夫じゃないか」と考えました。お菓子のポッキーはプレッツェルをチョコレートの中に浸して完成します。その要領でボロ物件も白いペンキの中に漬けて、まずは白くしてから、どこを直せばいいか考えればいい、と発想しました。この考え方はかなり異端だと思います。

また、頭が良くなかった僕は、いろいろな本を読んではみたものの、なかなか理解できませんでした。「何か言うてはるけど、自分にはお金もないし、どうしたらええんやろ」というのが正直な感想でした。

そのようなことを調べたり考えたりしていたら、とある大阪のブロガーさんの記事をみつけました。「50万円で買ったゴミ屋敷をこれから再生する」と書いてあり、僕はたまらなく興味を持ったのです。さっそく「タダでいいんで、自分を作業員として使ってください」とメールを送りました。

当時はＤＩＹなんてやったこともなかったのですが、現地に行ってその大家さんと合流しました。お互いの身の上話をしながら楽しく作業をしたのですが、終わり際、その大家さんから「次からは来ないでくれ。お前の話は面白すぎて、全然作業が進まん。現場で笑わされるのは困るけど、大家の会で話したらいい」と大家の会を紹介してくれました。

物件をひとつも持っていない自分が、参加して大丈夫かと気後れしましたが、とりあえず参加することにしました。

ブロガーさんに紹介してもらった大家の会の参加者は30名くらい、そこで物件を持っていないのは自分ひとりでした。参加者の中には今は成功されて著名になっている大家さんも複数います。そんな大家の会でした。

正直ビビリましたが、勇気を出して話しかけて、何名かと連絡先も交換しました。今思うとこれが良かったのだと思います。

12 これしか買えなかった1号物件

【物件概要】
エリア：大阪府下　構造：木造テラスハウス（連棟式長屋）　築年数：1974年築
価格：90万円（＋リフォーム費用50万円）　利回り：約40％

僕が始めて投資用の物件を購入したのは自宅を買ってから3年後の話です。

記念すべき1号物件は連棟の長屋でした。関東の方は馴染みがないかもしれませんが、大阪には連棟といって、壁でつながった木造長屋がたくさんあり、テラスハウスとも呼ばれています。

当時の僕の手元には150万円がありました。不動産投資を始めるには、心もとない軍資金ですが、その150万円すら自分のお金ではありません。身内に頭を下げて用立てたお金です。

父親に「おとん、俺、不動産投資やることにしたわ。だから金貸してくれ」と電話しました。当然、父親からは、「アホか、お前騙されとんのか?」と散々ないわれようでした。それでも僕は「金のないやつを騙すやつなんておらん」という話から、ブロガーさんが50万円で買ったゴミ屋敷を例にあげ、自分がコツコツ貯めた50万円で家を買うが、直す金にあと100万円かかると説明しました。

まさか、こんな時に、「どつかれ屋」で培《つちか》った土下座テクニックが役に立つとは思いもしませんでしたが、何とかOKしてくれたのです。

嫁さんも「50万円までな。自分の貯金から出すわ」と言ってくれて感謝の気持ちでいっぱいです。ここだけの話ですが、「何で僕は貯金ないのに君は貯金あんねん。僕が結婚式とか全部お金出してんのに、何で金あんねん」と揉めました。

そんなこんなで、自分の50万円、父親の50万円、嫁さんの50万円の合計150万円を用意して、先輩大家さんが買っていたような、50万円の物件を探すことにしたのです。

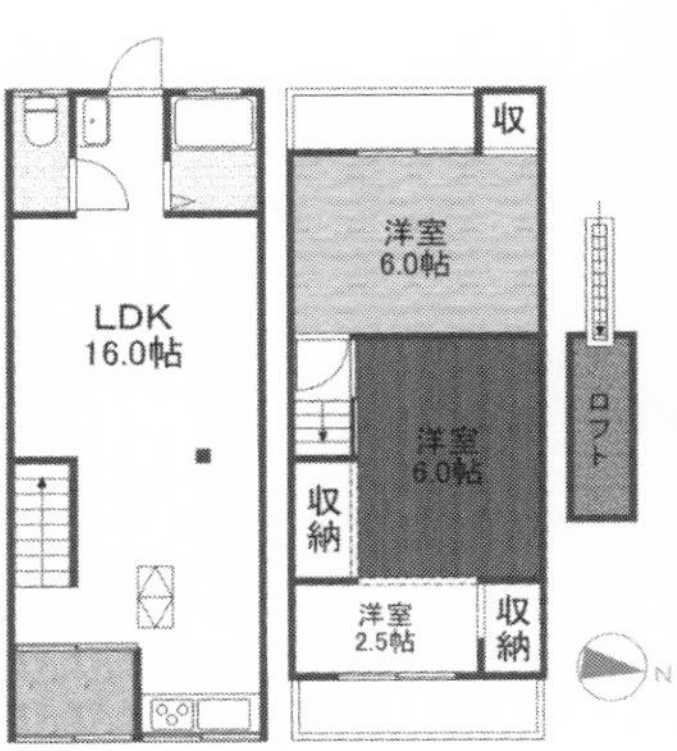

外壁はウッドで若者向けに。１階のリビングは広く、真っ白な空間でオシャレっぽく演出。洗面台は元々あったものを工夫して使用。吹き抜け天井やロフトを作ることで、差別化をした。

ただし、いくら東京と比べて大阪の物件価格が安いといっても、50万円で買える不動産なんて簡単に見つかるわけもなく、物件探しには半年もかかりました。

２０１０年頃、まだ「健美家」や「楽待」といった物件検索サイトの存在さえ知りませんでした。その当時にチェックしていたのは、フクヤ工務店、アットホームをメインにしてヤフー不動産、ニフティ不動産……住所と延床面積でネット検索をして、名も知らないような、小さな街の不動産業者のサイトもチェックしていました。

フクヤ工務店は大阪府下でチェーン展開している町の不動産屋で、基本的にはマイホーム向けの中古不動産を売買仲介するのがメインです。大阪だけでなく、兵庫・京都・和歌山一帯を取り扱っています。

物件探しでは「中古の戸建て」として検索するだけでなく、「古家付の土地」としても探していました。あまりにも古くてボロい家は、土地として売られるからです。そうやって物件を探していると、徐々に２００万円未満の物件が出やすい地域がわかってきました。大阪の中でも山側が該当します。このあたりはあまり人気のない土地柄で、住みたいと思う人もおらず、空き家が多くて必然的に価格も下がる……そんな場所でした。

こういう場所には、築40年くらいの長屋がたくさん建っています。今の基準では違法物件ですから、買い手も不在でダブついている状況でした。これがアパートであればオーナーの意志で建替えもできますが、長屋は住人それぞれが所有者で意見もまとまらず、建替えが容易ではありません。

そもそも戸当たりの敷地面積が10坪程度ですから、切り離して単独で再建築するにしても、新築を建てるメリットはほぼありません。そんな物件だからこそ、ただ廃虚になって朽ちていくのを待つだけ……、そんな状況でした。

100万円以下の物件、たとえば20万円の物件など世の中に存在しないものです。しかし、現実には購入することができます。誰もいらない持っているだけでお荷物だと思われている物件、それを「20万円」という査定をして買い取ってあげるのです。これは大阪だけの特殊な話ではありません。

話を戻すと、基本的には「100万円未満の家が出たら買う」という話を業者にしていました。そして、紹介されるのは、家か、家らしきもの。それこそ掘っ立て小屋、もしくはバラックと呼ぶのが相応しい建物です。

このような物件には風呂が付いていません。内覧をしていると、室内に大きな桶が置いてあることに気づき「もしや、ここでお湯を沸かしてお風呂代わりにしていたのだろうか？」と、考えさせられました。

そんな家もどき物件を見続けるうちに、比較的まともそうに見えた物件を90万円で購入しました。このころになると、水回りがあるだけで素晴らしい物件のように思えます。

こうして、1号物件は大阪府下のあまり人気のない地域に建つ長屋を90万円で購入しました。買ってから気がついたのですが、シロアリと雨漏りで柱が2本溶けていました。建っていたのが不思議なくらいです。

僕の軍資金は150万円。物件価格が90万円で、諸費用として10万円程度かかりましたから、残金は50万円でした。この予算では職人も呼べない状況なので、父親と何とかして直すことにしました。

先述したとおり、父親は長年、鉄工所で働いてきました。木のことはド素人ですが、鉄は詳しく、手先も器用な方でした。お金が無かったので鉄工用の工具を無理に使って2人でDIYをしていました。

問題のシロアリで溶けていた柱は、車のジャッキを使って、2人で家を持ち上げて直しました。鉄工職人の勘が働くのか、父親は「ここの柱が効いてる、効いてない」というのが何となくわかるらしくて頼りになりました。

また、電気工事は資格をもつ知人に頼み、格安で仕上げてもらいました。

その他、お金のかかる水回りや設備関係はすべて既存のままです。そのかわり、天井を抜いて吹き抜けを作りました。当時はまだ会社勤めをしていたので、土日に現場へ入り、父親は気が向いた時に現場に来る……そんなペースで半年かけて再生しました。

脚立に乗っても届かないところは、僕と父親で命綱を結んでペンキを塗ったり、シーリングファンも付けました。

当時は本当にお金がありませんでしたから、リフォームするための木材すらない時もあり、フォークリフトで荷物を運ぶ台に使うパレットを貰ってきて解体し、リフォーム材にしていました。

他には完成した部屋に飾るグリーンがほしいなと思ったら、近所のオバちゃんに声をかけて、路地で育てている植木鉢を借りてきました。それを持ち込んで飾り、室内写真を撮影してから元の場所に戻す、そんなことをやっていました。

「たった50万円で何ができるんだよ」と思う人もいるかもしれませんが、こうして、何とか予算内で物件を再生することができたのです。

完成した1号物件にて、大家の会で知り合った人たちを招いてお披露目会をすると、「君すごいな、こんなん作ったんか」と好評を得ました。プロである工務店の人も見学に来て「こんなん絶対作れへん。ギトギトやけどええの」と褒めてもらい嬉しかったです。

地域の賃貸業者さんもすごく喜んで、「また、こういう物件を作って欲しい」という依頼が殺到したくらいです。

正直、仕上りはお世辞にも上手とは言えません。素人仕事ですからペンキもダラーッと垂れています。でも「これが良いのだ」という確信がありました。僕は作業中から「大多数の人からは好まれなくても、必ずこれを気に入ってくれる人がいる」と思っていました。

その確信がどこから来るのかといえば、言葉ではうまくいえないのですが、僕がこれまでプロのデザイナーとして培ったものです。簡単にいえば、若いコたちに「かわいい」「カッコいい」と思ってもらえるポイントが感覚的にわかるのです。

とにかく、僕の頭の中には、「古い家をプロの仕事ではなく、手作り感のあるＤＩＹで再生した借家」というイメージがありました。僕は建築やインテリアは専門外ですが、芸大を出てデザイナーとして仕事を続けた経験が、物件再生で活きたといえます。

また、リフォーム前に強く意識していたことがあります。それは、「人の賃貸物件を見ない」ということです。とくに新しい建材やデザイン建材を使った物件は絶対に見ない」という言い方は悪いですが「見たら目が腐る」くらいに思っていました。デザイナーとしての自分の感性が、不動産寄りになってしまうと危惧したのです。

その代わりに参考にしたのが、素人たちの手で内装を手がけて開業した、雑貨屋やカフェです。大阪の梅田からすぐ近くにある中崎町という街には、そのような店舗がたくさんあります。

店舗は流行が早くて、そのあとを追うだけで絶対に成功するという確信がありました。その確信は今も変わりませんが、現在では普通の賃貸物件でも、これに追いつきつつあるのかなと感じています。

この１５０万円の1号物件は、相場よりも1万円以上も高い家賃５万９０００円で入居が決まりました。僕らの日当を計算に入れなければ、利回り40％の物件を作り出せたので、これは大成功でした。

この成功体験により「絶対にいける！」という自信が持てたので、すぐにでも次の物件を購入したかったのですが、物件完成時で手元資金がゼロになりました。もっといえば「明日食べる米すらない」という悲惨な状態で、実家へお米をもらいに行って凌いでいました。

そんな状態なのに、ＤＩＹに必要なペンキの購入を優先したところ、嫁さんから「こんな状況でペンキばっかり買ってどうするの！」とキレられました。これはもっともな話です。２号目に着手するには新たな作戦を立てる必要がありました。

13 カーローンで買った2号物件

【物件概要】
エリア：大阪府下　構造：木造テラスハウス（連棟式長屋）　築年数：１９６０年代築
価格：１５０万円（＋リフォーム費用１５０万円）　利回り：約25％

１号物件を仕上げた後に、お金のなかった僕がやったことはチーム作りでした。１人でできることにも限界があると感じたからです。

これは不動産投資の団体戦です。ただ情報交換するだけの大家の会ではありません。この団体戦の優位性については、第9章で詳しく解説します。

最初のメンバーは僕も含めて3人でスタートしました。物件をひとつも持ってない時に参加した大家の会で、僕の話を聞いてくれた2人がメンバーです。

3人が揃いも揃って、あんまり勉強ができないちょっとアホな感じだったので、「デキるやつを入れなアカン」という話になり、徐々にメンバーを増やしました。とりあえず面白い人、すごい人がいたら「仲間に入ってください」と口説きにいっていました。

そうして、「これから伸びよう」と踏ん張っている人たちや、僕の知識や経験を買ってくれる人が集まりだしたのです。今や押しも押されぬギガ大家の木下たかゆき君は、これがきっかけで知り合うことになりました。

人が増えていくと、自分もメンバーもいろんなことを勉強できるようになるし、それが目当てで加入する人も増えていきました。

チームの人数が増えると、会の中でスキームやノウハウ、経験値が、昔学校で習った関数のように増えていきました。その中で僕も2棟目の買い方のイメージが持てるようになりました。

また、確定申告をしっかり行い、将来、融資を受けるための準備をしていました。その

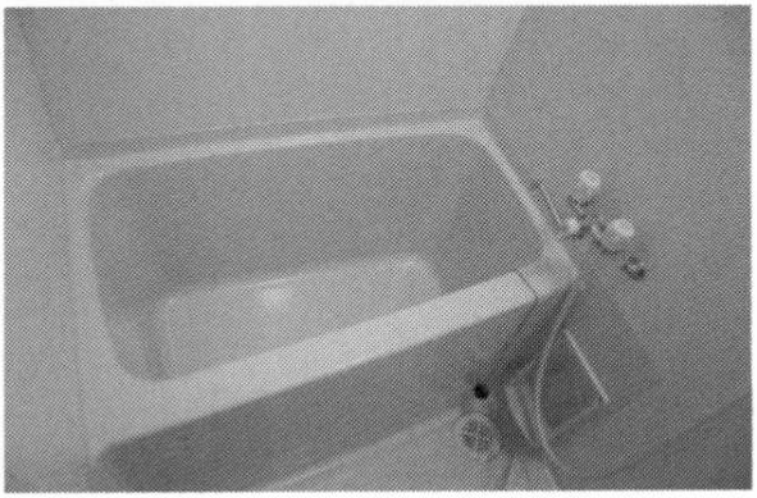
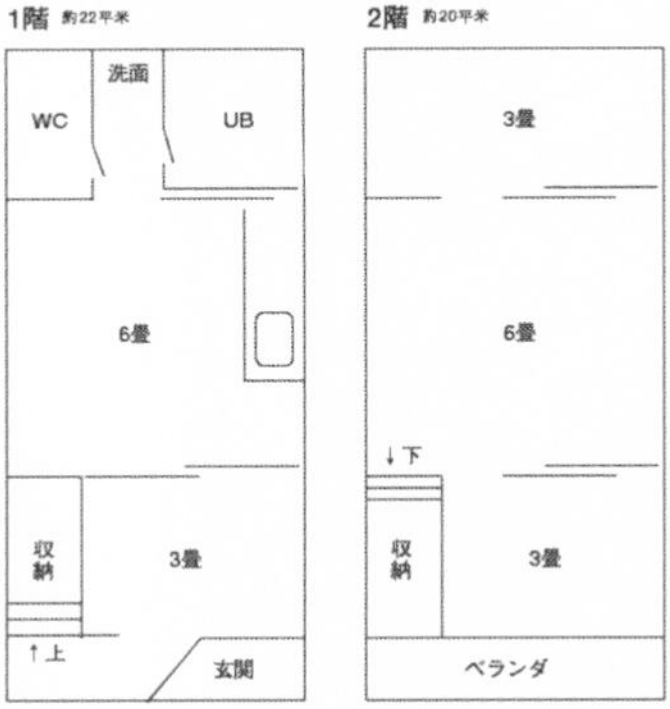

外壁をすべて木の造作で囲うことで、両隣と差別化。水回りはすべて新品に交換。キッチンは安くても若者向けにモザイクタイル、雑貨、ワイングラスなどでビンテージ感を演出。賃貸物件なのにフローリングはあえて無垢の杉を使用。

結果、1期目は11万8000円の黒字でした。

この後、すぐにでも次の物件は欲しかったのですが、ご存知の通り僕にはお金がありません。そこである作戦を実行しました。ローンを組んで新車のトヨタ・アルファードを買って、すぐに車を売却するのです。そうやって得たお金を自己資金にしました。

すべての人におすすめできる方法ではありませんが、どうしても手元にお金がない人は自己責任で参考にしてください。

マイカーローンの返済は月々4万円ほどでした。この禁断の作戦で得た資金で買った2号物件が、大阪市内の風呂なし長屋です。上と下で分かれているタイプの長屋で価格は150万円でした。

1号物件の再生で大活躍だった父親ですが、さすがに齢には勝てず、「もう2度とやりたくない」と断られたので、再生は職人へ頼むことにしました。

日当で請けてくれる職人にお願いしたので、諸費用も全部込みで320万円で再生することができました。今回は予算もあり、水回りはすべて変えています。

1号物件、2号物件とも貸家に共通の名前をつけて、ブランド化を狙いました。周りの大家さんからは「廃墟の何がブランドやねん」と笑われましたが、あれから6年経った現在も、物件名で問合せが入ります。

やはり目立つのでその後も名前をつけてシリーズ化していきました。2号物件もブランド効果があり、入居は6万8000円で決まりました。利回り25％の物件の誕生です。

この物件は、お客さんが入居して数カ月が経過してから売却をしています。空室のままでは空き家扱いになりますが、入居者がいるオーナーチェンジ物件であれば、利回りで投資物件として売れます。２棟目の物件は利回り17％で売却しました。

14 初めてのアパート、3号物件

【物件概要】

エリア：大阪府下　構造：木造アパート（4戸）　築年数：１９７４年築

価格：３８０万円（＋リフォーム費用20万円）　利回り：約40％

なぜ、せっかく購入できた2号物件を売ってしまったのか。僕自身も最初は売ろうとは思っていませんでした。急に売ったのには理由があります。

大家さんチームのメンバーから「4戸で３８０万円の借地のアパートが出ている」と教えてもらったのです。この物件は大阪府下のM市にありました。今までの物件と比べれば、まだ良い場所にあり、それなりに人が住んでいるような地域です。

相続の登記ができておらず、宙ぶらりんで誰の物件なのかわからない、という曰《いわ》く付きの物件です。誰もがリスクを考えて見送っていましたが、僕はそれを「買いたい」と名乗り出ました。土地の登記はできていませんが建物の登記は行い、地代は地主さんにしっかりと払っています。

僕には、絶対に手に入れたい理由がありました。それは、このアパートを購入することで、日本政策金融公庫が賃貸業を「事業」として見てくれる「5棟10室」の基準に近づくからです。収入が低く、自己資金もない僕が利用できる金融機関は、国の金融機関である公庫しかありませんでした。その時、5棟は無理でも5室にはなりたかったのです。

そこで価格が380万円のアパートだったら、1号物件か2号物件を売却すれば買えると計算しました。売り急ぎということで、2号物件を450万円で売りました。売却期間は2週間くらいです。

こうして無事に2号物件を売ったお金で、念願の借地アパートを買うことができました。この物件の1室には、もともと入居者が住んでいました。そのため、ギリギリでローンは返せる状態でした。もしも退去されても、1号物件からの家賃があるので、「支払いは何とか耐えられるな」と判断しました。借地代の1万6000円も1号物件からの家賃で賄える計算です。自分の感覚では「そこまで危ない橋でもないかな」と決断できました。

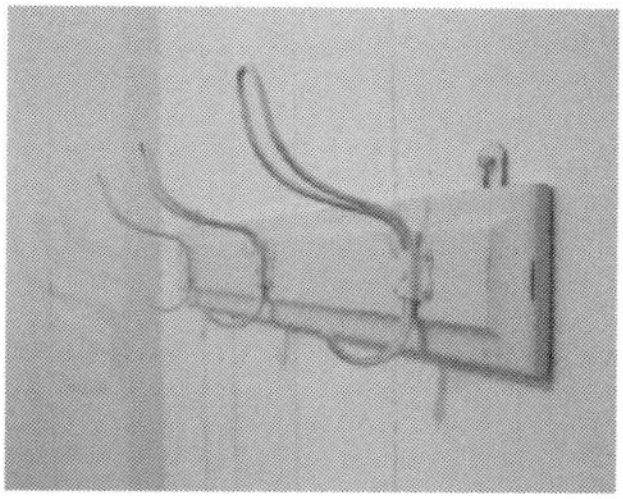

木目模様の化粧ベニヤを白で塗装すると、木の筋がうっすらと浮かび上がり、なぜかカントリー調のよい雰囲気に仕上がる。それに合わせて雑貨をコーディネート。和室の建具はすべて外して、麻布で安く済ませた。

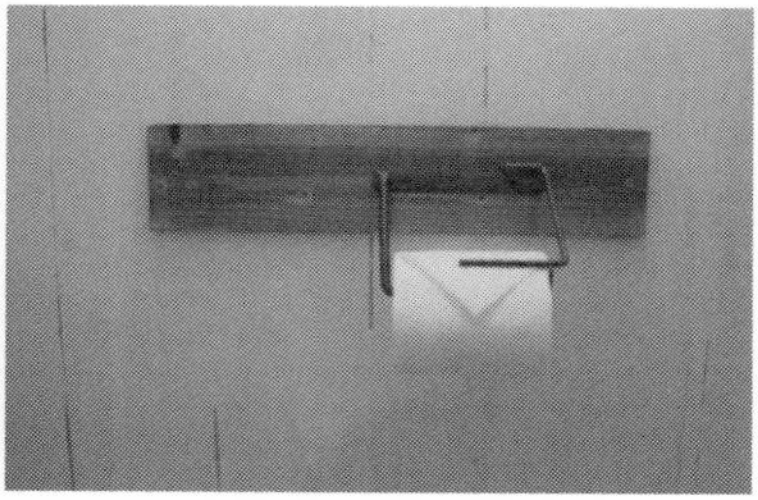

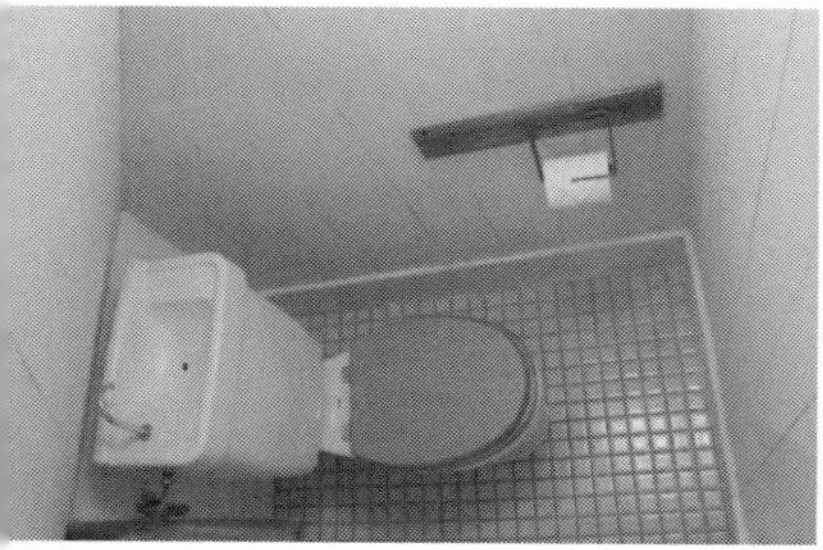

また、このアパートは、自分が得意とするデザインを入れてどうこうする物件ではないと見極めました。とにかく普通で、何の変哲もないアパートです。

そこまでボロボロではないので約20万円かけて最低限の修繕をしてから、NPO法人を通じて生活保護の人を受け入れることにしました。

年配の方で、仕事も就けないような人たちです。ある日突然、ふらっと出ていってしまって、そのまま退去扱いになることがよくあり、定着してもらうのに苦労しました。

それというのも生活保護受給者の場合、自治体によっては「代理納付制度」があって、役所から大家さんの口座へ直接家賃を振り込んでもらえます。しかし、残念ながら大阪府には代理納付制度がなく、給付金を酒やギャンブルに使ってしまったり、家賃を払わずにある日突然いなくなってしまったりするリスクもあります。

そんな地域なので生活保護支給日になると、不動産業者が役所で待ち構えている風景が見られます。給付金をもらったその場で家賃を受け取るのです。

僕の場合、自主管理でしたので、たまに食事の差し入れをして「最近元気？」と声をかけてコミュニケーションを取るように努力していました。

3号物件の利回りは40％くらいです。この物件を買ってから、しばらく動きが止まりました。自己資金も尽きましたし、確定申告もまだ2期目ということもあり、融資を借りられないと思っていたのです。

15 人気エリアの元馬小屋4号物件

【物件概要】

エリア：大阪市内　構造：木造（連棟式長屋）　築年数：築年不詳

価格：120万円（＋リフォーム費用280万円）　利回り：約35％

自分の物件が買えなかった時、母親のために物件を購入することにしました。

物件は大阪駅からほど近い、大阪の中でもかなり人気のあるエリアです。そこで120万円の元馬小屋（！）の長屋を買いました。

「馬小屋ってどういうことだよ」と耳を疑われた方もいると思います。

僕だってそうでした。大正時代に建てられた馬小屋で、増改築を繰り返した末に長屋として使われるようになり現在に至ったそうです。素晴らしいコンバージョンです。

僕はその120万円で買った元馬小屋にデザイン性の高いリフォームをしました。場所柄、デザイナーズ物件がユーザーの心に刺さると直感したのです。予想通り、家賃10万円の物件に生まれ変わりました。総額で約400万円で仕上げ、利回り約35％です。

元馬小屋が都心の人気の物件に!
壁は白く床は無垢材、天井は吹き抜け。大きな梁が見えて山小屋風ＤＩＹテイストで仕上げている。

その後、母親は初期投資額を家賃で回収し終えて、2戸目の物件も取得しました。年金にプラスして毎月家賃が入ってくるので、自分なりにいい親孝行ができました。これがきっかけとなり家族も徐々にですが、不動産投資に対して協力的になってくれました。

ある日、母親が元馬小屋物件の名義を僕に「譲る」と言ってくれました。自分の死後に相続するよりも、そのほうがいいだろうと考えたようです。そして、「私が生きている間は家賃をもらい続ける」という条件で生前贈与しました。

資産に計上できる物件が、また1つ増えたことは本当にありがたかったです。こうして元馬小屋は僕の4号物件になりました。

16 キャッシュフローたっぷり5号物件

【物件概要】

エリア：大阪府下　構造：木造アパート（12戸）　築年数：築年不明

価格：1250万円（＋リフォーム費用250万円）　利回り：約30％

その後、大家さんチームで取り合いになったアパートがありました。H市のお墓の横にある1250万円で12戸のアパートです。なぜ取り合いになったのかといえば、土地値が2800万円もあったのです。

このタイミングに、たまたまチームのメンバーが東京で開催されたセミナーを受講してきて、「セゾンファンデックスっていうノンバンクが築古でも融資を出すらしい。しかも30年で」と教えてくれました。

彼が受けたセミナーは、その融資商品の説明会だったのです。その情報を聞いた僕は急いで問合せを入れました。

この商品は半年間しか存在していないのですが、なんとかリフォーム代込みで1500万円を期間30年で融資してもらえました。

満室想定で利回り30%のアパートで月の家賃は36万円、一方返済は月5万8000円。約30万円のキャッシュフローが出ました。

金利は4%で期間は30年ですから元金はまったく減りませんが、当時の自分にはそれがベストでした。途中で売却するのだから、今のキャッシュを取るべきだと考えていました。

お金がない僕は、売却をして乗り換えていかなければ、次に進めないのです。「お金がないから、わらしべ長者をしていくしかない！」それしかありませんでした。

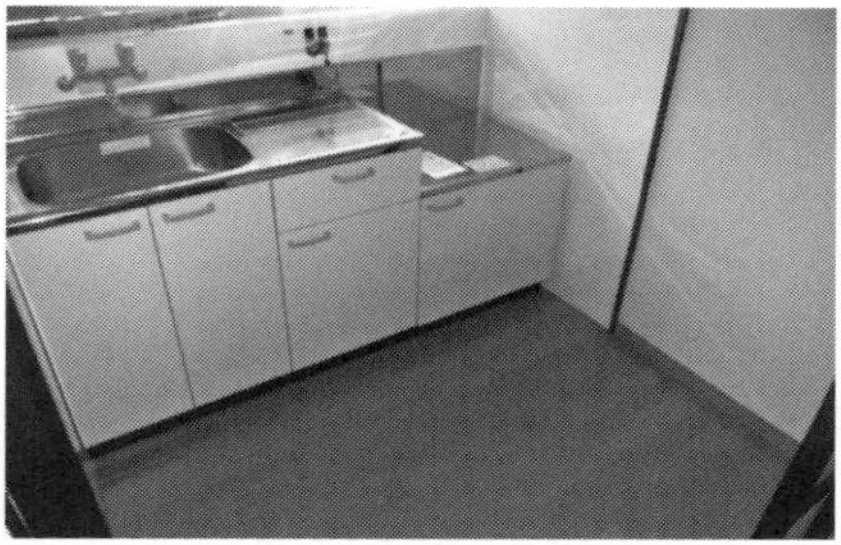

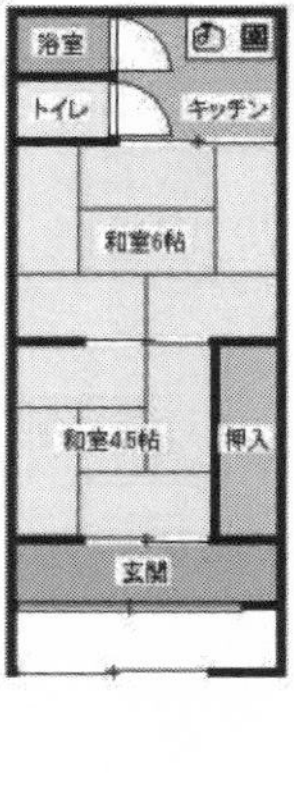

デザインリフォームとは程遠い最低限の修繕。リーズナブルな家賃にすることで、ターゲットを明確にする。不必要な工事を省くことも時には大事。

17 さよなら社畜、病気で退職&独立!

この時点で、1号物件の家賃が5万9000円、2号物件は売却済で、3号物件の借地4戸アパートの家賃が15万円あったところに、5号物件12戸アパートからの家賃36万円がプラスされました。

いろいろ引いても月に30万から40万円は手元に残る計算です(4号物件の家賃は母親へ支払っているのでカウントせず)。

ここで、「手元に残るのが30万円なら、これサラリーマンの手取り抜いてるやん」と気がつきました。不動産投資を始めて2年半が経過したころです。振り返れば、けっこうギリギリの資金繰りでやっていたなと我ながら身震いします。

また、アパートの入居者には「クセが強すぎる」人が多くて、管理はかなりしんどかったです。しかし、そうでもしない限り、僕はブラック業界から脱出できなかったのです。

本書をここまで読んで、「どうやら自分にはできそうにもない」という感想を持った人は、僕から言わせてもらうと、そこそこ幸せな日常を生きているからこそ、そう感じるのだと思います。

本気で現状から脱出したければ、人間、これくらいのことはできると思います。たとえば学校でいじめられている子がいて、命に関わるレベルでピンチであれば、学校をやめたほうがいいでしょう。

それに近い状況に陥っている人が、もしもこの本を読んでいたら、僕がやってきたことも、選択肢の一つになるであろうと自負しています。元々本業が激務であったことに加えて、DIYや大家業もこなす2年半は本当にしんどかったです。

消耗していく心身に発破をかけ、騙《だま》し騙し頑張ってきましたが、ずっと悲鳴をあげていたようで、特に心のほうが不調をきたしてしまったのです。最後の方になると出社も難しくなり、フェードアウトするように会社を去りました。

まさにギリギリのタイミングで家賃収入を得られるようになり、会社を辞めて独立することができました。

さて、ここまでが自分が不動産投資を始めて、念願のブラック業界脱出を実現するまでの話でした。

読者の中には「手残り30万円では会社員を卒業できないよ」「会社員を辞めたら、もう物件が買えないのでは？」と不安に感じる人がいるかもしれません。

しかし、現在の僕は28棟200室の物件を保有しています。内訳はアパート、マンション、シェアハウスで年間満室想定金額が8500万円、平均利回り30%です。借入れ総額2・8億円、返済比率は30%です。

多くのサラリーマン投資家は「最低でも月100万円のキャッシュフローがないと会社は辞められない」と考えているようですが、僕に言わせれば「そんなんいらん」といった感じです。

たとえ生活がカツカツであっても、知恵を絞れば自分の特技を活かして、お金は稼げると思います。大事なのは自由に動く時間があることです。

自分の場合はデザインセンスを活かした、リフォームプロデュースでした。関西のギガ大家である、木下たかゆき君のアパートのリフォームをデザイン監修しています。

その実績が他の大家さんにも広がると、口コミで仕事の依頼が舞い込むようになり、僕はまるで「関西の大規模大家さんたちの便利屋」といった感じで頑張っていました。

人様の物件を使って経験を積ませてもらった上に、お金まで頂けるのだから、本当にありがたかったです。こうして大型物件の再生ノウハウも自分の中に蓄積できました。

第3章

平均利回り30%、キャッシュマシーンをつくり増やす

18 戸建てを売ってキャッシュを得る！

こうして安価な廃屋物件を購入しては、再生を行って物件を増やしていきました。

狙うのは大阪府下、できれば大阪市内の誰も見向きもしない廃屋物件です。その中でも「ずっと自分で持っていたい！」と思えるものと「しばらくしたら売却しよう」という物件にわかれます。

その基準は、家賃の下落しにくいエリアか、物件への問合せ件数の多さなどを総合的に判断しています。戸建てをいくつか買ったあとは、小規模なアパートも購入しています。

人から「すごい！」と言われることもありますが、いくら高利回り物件を買い進めていても、廃屋物件に関しては融資に頼らず常に現金で買っているわけで、手元資金はずっと不安な状態が続きます。

それこそ不意な出費でもあれば、ギリギリの綱渡りのような資金繰りをする時期もありました。そこで、適度に売却を挟みキャッシュを厚くしていくようにしたのです。

また、キャッシュが乏しい時代には、借入れ期間をできるだけ長くして、キャッシュフローを多くすることを目指していましたが、今は短期間でガンガン返すべきと考えるようになりました。

こうした考え方は、それぞれのステージによって変わるものだと思います。自分の不動産投資は、キャッシュフロー重視の時代（サラリーマン大家時代）、資産を組み換える時代（退職後）と、自己資本率を上げる時代（現在）の3ステップに分けられます。

第3章は、それまでみんなが買わないような安い廃屋物件を購入してきた僕が、1棟物件へと規模を拡大して資産を組み換えるステージへ進んだ話です。

戸建てから1棟物件に進むといえば、すごい大躍進のイメージを抱かれるでしょうが、実際のところ僕が買った1棟物件は、やはり誰も見向きもしない廃墟アパートでした……。

19 廃屋から1棟物件へのシフトチェンジ

本格的に1棟物件の再生を手がけたのは、会社を退職して1年後です。

退職後は賃貸事業で独立しましたが、これまでサラリーマン大家時代の実績もあって、金融機関から事業者として運営力を評価して貰えるようにもなっていました。

その間、小さな戸建てやテラスハウスを購入して再生、客付をするという商品化を行っていました。そして、売却を組み合わせて資金をつくり、資産の組み換えを狙っていました。そんな中、金融機関からポツポツ物件の話が舞い込むようになり、紹介された物件からRC造や鉄骨造の1棟物件を買うようになりました。

ここで、僕が手掛けた1棟マンションの再生例を紹介しましょう。

これも金融機関から紹介された物件で、ローン返済が滞っている任意売却の一歩手前にある物件です。ちなみに任意売却とは、ローンが払えなくなった時に、融資を受けた金融機関との合意に基づいて、家を売却する手続きのことをいいます。

物件は、大阪府下にある鉄骨造のマンション。築27年の大学そばのワンルーム12戸です。雨漏りを長年放置して荒れていて、部屋の面積が11・8平米しかない狭小物件です。しかも3点ユニット、洗濯機置場なしという競争力のない物件でした。大学の近くにあるため、ライバル物件も多くて供給過剰気味です。

収益物件としてではなく、土地として売りに出ていた物件で、現地に行くと建物に「近づくな、危険！」の貼り紙があって、いかにもやばそうな雰囲気が漂っていました。

室内へ一歩入れば、湿気がひどく床が腐っていたようで、いきなり床がズボッと抜け落ちました。抜けた床の下を見たところ、鉄骨マンションなのに基礎がコンクリではなくて、土がむき出しの「布基礎」でした。普通はコンクリを打ち固めた「ベタ基礎」です。

そして、むき出しの土の部分が、ドロドロで沼のようになっていたのです。読者の皆さんなら「床が腐って抜ける物件、床下が沼になっている物件なんてリスクが高すぎる。自分なら絶対に買わない」と思われることでしょう。

しかし僕は、問題の原因がすぐにわかったのです。この物件の排水升が割れているのが原因でした。水が土に染み込んで、建物の下に溜まった湿気が床を腐らせていると見当がついたのです。

不動産投資を始めて、様々な大家さんの物件に関わることで、いろいろ勉強させて貰えたからこそわかったのです。

排水升に溜まった汚水は、本来ならば建物の外の下水に流れるものです。排水升とはコンクリートの箱状のものですが、どこかにヒビがあって、そこから水が漏れていたのです。この補修は、わずか数千円で済みます。

建物の雨漏りについては、鉄骨の錆《さび》による爆裂が無かったので、致命傷には至っていないと判断しました。他の大家さんの物件で、もっとひどい状態をたくさん見てきたので、直感的に「屋根の塗装だけで直る」と見極めることができたのです。

こうして修繕についての対策ができたところで購入を決めました。

敷地の広さは30坪程度で、土地値が1000万円はします。その物件を900万円で買付を入れて、無事に買うことができました。周りから見れば「とんでもない廃屋物件」で

【before】

外見はひどいが躯体のダメージは見当たらない。表面的に派手に汚れていたり、壊れている方が、安く購入できるのでありがたい。

【after】

女子学生向けに無理やりオシャレっぽくイメージを作る。狭小ワンルーム、ベランダなしなのでエントランスにダイヤルロックと各階にドラム式洗濯機を設置。

すが、自分は「やったあ！」と喜んでいました。

改修プランは、近隣にある大学の女子学生をターゲットにしています。ダイヤルキーで予算を抑えて、オートロックのようなセキュリティを付けました。また、内装をかわいくデザインしました。これらは自分が得意とするテイストです。

超狭小《きょうしょう》ワンルームのため、ロフトベッドを入れて、その下にはテーブルセットを備え、勉強ができる空間にしてあります。

また、女性をターゲットにするというのに、洗濯機置き場が無いのは致命的です。そのため共用のドラム洗濯機を導入しました。これは自分ひとりのアイデアではなくて、管理会社とも相談をして仕様を決めて行きました。

物件名も女の子が好むようなかわいい名前をつけて、管理会社に「狭くてもかわいくて、使い勝手がいい部屋」としてアピールして貰うと、半年後には満室になりました。

雨漏り床抜け物件だった女子学生マンションは、物件取得費用に再生費用をプラスすると、トータルで1500万円ほどかかりました。

この物件は満室にしてしばらく運営した後に、「3800万円で買いたい」という人が現れたので売却しました。

こうして1棟物件を購入して再生することで、徐々に投資規模を拡大させました。

20 シェアハウス……それは寝ていても儲かるキャッシュマシーン

アパート・マンションが僕の1つ目の柱だとすると、シェアハウスが第2の柱になっています。元はといえば、これも金融機関からの紹介です。2014年ごろ「借地の物件で風呂なしのボロボロのアパートが出たよ」と教えてもらい280万円で購入しました。

この物件を再生するにあたり、水回りの設備は共用にしたほうが安く再生できると考えて、シェアハウスを企画しました。

そもそもシェアハウスと一般の賃貸需要は別物です。賃料だけで見れば、大阪市内でもかなり安い部屋はあります。しかし、安いアパートに住む層と、シェアハウスに住む層というのは、まったく違うのです。

入居者を募集する仲介の仕組みからして違います。まず、シェアハウスの仲介業者というのは存在しません。インターネットに募集サイトはいくつかありますが、あくまでも募集広告の取り扱いだけをします。

そのため、仲介手数料や広告費といったものはないのです。入居者からしても初期費用が少なく、保証人がいなくても無職であっても（これはシェアハウスにもよります。僕のシェアハウスでは求職中でも入居可）住むことができるのです。

つまり、シェアハウスは、仲介業者を挟まない新たなマーケットなのです。利便性の高い立地と豪華な共有部を求めて、グレードの高いシェアハウスに住む人もいれば、住民同士のコミュニケーションを求める人、値段重視で家賃の安いシェアハウスにも人気があります。

運営ノウハウなど詳細は終章で解説しますが、僕はシェアハウスを自主管理していて、募集から内覧、契約まで1人で行っています。

募集はインターネットでできるので手間はかかりませんが、内覧については入居希望者と日時を決めて、客付の不動産業者のように案内をしています。今は慣れてきましたが、最初のころは手本になるものが何もなかったので、とにかく手探りでやっていました。

シェアハウスも収益物件の一つです。物件づくりから、管理や客付けまでパッケージングして提供してくれる業者さんもいます。これも調べてみたのですが、月々の管理運営費用は家賃の15％から中には30％もかかり、「めっちゃ高いやん」と思いました。そこで自分でやることにしました。おかげで利回り50％を達成しています。

ここ最近のシェアハウスの変化をいえば、昨年の春、新型コロナウイルスの影響を受けて、外国人入居者が帰国しました。シェアハウスの繁忙期はアパートなどと同じで1～4

月ですが、全く問い合わせがなくなり逆に退去する人が増えました。

僕自身、情報に踊らされる最先端を走っていました。大袈裟にいうと『北斗の拳』のような時代を迎える……と想像していたわけです。そうなると、僕も家族も死ぬのかな、と。もうシェアハウスなんてやってられる状態ではないと悲観したのです。このときは怖いながらもドキドキして暮らしていました。

5月にはコロナ検査キットも10セット買い、お店で使われている赤外線体温計も12個確保。手に入りにくい消毒液やマスクも買って各シェアハウスに置きました。

こうしたコロナ過の中、満室稼働していたシェアハウスでは、みんなで守り合って一致団結するようになりました。良いことのように思えますが「もう新しい人は案内しないで！」と内覧者を嫌うのは困りました。

さらにちょっと僕が予想もしなかったことが起こります。良い雰囲気で盛り上がっていたシェアハウスでしたが、カップルが何組かできて同棲が始まり一気に抜けました。人間は生命の危機を感じると種の生存本能のスイッチが入るといいます。愛なり恋なりが芽生えて、行動がそっちの方向にいくのは人類としての使命でしょう。

空室が増えて、それまでワンルームに住んでいた非正規雇用や飲食関連の人たちが困窮して、シェアハウスにくるのではないかと予測しましたが、なかなか問合せはなく、昨年末からそうした動きがちょこちょこ見られるようになりました。

21 入居ターゲットをしっかり捉えることが大事

シェアハウス成功のコツは、再建築不可や借地のような訳あり物件を安く買うのも条件ではありますが、入居ターゲットをしっかり捉えたことに勝因があると感じています。

社畜時代の僕のように、見た目はカッコ良さそうな仕事でも、給料がすごく低い仕事はたくさんあります。

たとえばショップ店員や美容師など、見た目は華やかでオシャレですが、実情は給料が少なく苦労しています。人気カフェの店員や、若いコに評判の美容院で働いている美容師の手取りが十数万円なんてこともザラです。

くわえて、今は少ないですが、海外からの留学生や求人中の人など一般の賃貸物件には入居しにくい層もいます。

そして、経済的にはそこまで余裕がない人たちでも、理想とする住まいがあります。やはり、日々の生活だって好きなものに囲まれて、自由快適に過ごしたいのです。

そのような人たちを支援する、といえばおこがましいですが、「少ないお金でもオシャ

レに暮らしたい」というニーズに応えられる、魅力的でリーズナブルなシェアハウスを作ったら、世の中の需要とマッチした感じです。

1棟目の成功から徐々に増えて現在は6棟目がオープンしたばかりです。この物件では、新たな価値をつくり出します（詳しくは次ページのコラムを参照してください）。

いずれにしても、まったく仕組みが違うシェアハウスとアパート・マンションの両方を運用していれば食いっぱぐれないだろうと考えています。そうして、客付のできる大家が生き残ると確信しています。

【コラム②】

西成でアートなシェアハウスオープンしました！

第３章でちょこっと書きましたが、6棟目になるシェアハウスがオープンしました！　写真は前のページに掲載していますが、カラーでお見せできないのが残念です。

場所は全国的にも治安が悪い街として有名な西成。そのなかでも、とくに「やばい地域」でドヤ街とよばれる簡易ホテルや寄せ場が集中するエリア、いってみれば家のないおっさんがひしめいている場所のど真ん中にあります。昔だったら女子は住めないようなデンジャラスエリアです。

ちなみに、このシェアハウスも 40 室もある元ドヤで、だいぶ巨大な建物です。所有しているわけでなく地主さんから月 7.6 万円（近所のテラス含む、期間限定の定期借家）で借りて 1000 万円かけて再生、20 室のシェアハウスに生まれ変わりました。

元はといえば僕のコミュニティの仲間であるＨさんが、民泊可能物件として近所のテラスを借りたのですが、そこの地主さんから「もっとすごい物件がある」と紹介されたのが、この物件。なんでも旅館業の簡易宿泊所の許可をとって、１泊 1300 円で運営されていたそうです。ところが役所にナイショで２階建てを３階建てに増築して違法営業していたのがバレて営業停止になってしまったとか。以来、ほったらかしにされていたところ、H さんが格安で借りてなんとか再生しようと試みたのですが、巨大な建物すぎて心が折れて僕にパスしたという経緯があります。

たしかに７年間限定でしか借りれなくて、再生費用がかかる割に利益が少ない物件です。でもおもしろそうなので僕が料理することにしました。で、思い浮かんだのは「アート」。ドヤ感が満載のトタン張りの外壁に、グラフィティ・アーティストの CASPER 氏に依頼して、カラフルな絵を描いてもらいました。これ、ストリート・アートとも呼ばれますが、スプレーを使って電車の車両や高架下の壁にペンキで描かれるアートのこと。彼はこの世界の先駆者で FENDI とコラボしたり、西成 WAN という街にアートを増やす活動もしています。

こういう活動が家賃に響くかはわかりませんが、不動産の再生は街の再生にも繋がります。たまたま偶然見つけたつもりが、すでに西成区は CASPER 氏を起用して町おこしをはじめていました。僕も一緒に盛り上げていきたいと思います。

第4章

100万円以下からスタートできる廃屋再生投資とは？

22 まず目指すのは大金持ちではなくて給与分のキャッシュフロー

不動産投資を始めてから最初の2年間はサラリーマンをしながらでした。

その両立をするための原動力は、ただひたすら「苦しみから逃げたい」というパワーです。物理的にも時間がなくて、睡眠時間を削るしかありませんでした。

「行動するタイミングがわからない」「行動ができない」という人は、おそらくまだ、その状況が居心地いいのだと思います。

ブラック業界に勤めて苦しんでいる人間がたくさんいます。

高属性の人たちでもリストラされたり、僻地に出向させられたりして、外見はよくても会社を辞めたくなる理由が誰にでもあるのです。

本当に辛くて苦しくて、「こんな毎日はもうイヤだ！」となれば、頭の中が「自分の道を作るためだけ」に集中するものです。

とくに睡眠時間を削るような働き方をしていると、頭の中はもうぐちゃぐちゃです。いつも、「うわ、これツライな。いつまでこんな仕事が続くんかな？」という状況です。

僕がサラリーマン大家を始めてから、出会った専業大家さんの生活とは本当に大違いでした。

それでも僕の前には、常に先を行く先輩大家さんたちがいたわけですから、自分にも希望があると信じることができました。

やはり、独りで悶々と苦しんでいるのはよくありません。まずは交友関係の中にマインドのできている人を、目標となる人を入れておくことが大切です。

マインドのできている人とは、時間的・経済的に自由のある人。

目標となる人とは、規模の大小に関わらず、楽しそうに事業拡大を行っている人。

影響されたい人とのつき合い方は、お金と関係なく一緒に食事をしたり遊んだりできる、実際に会える間柄になっているのが理想です。

僕自身の経験でいうと、その当時は長時間仕事に忙殺されていました。家庭がありますから、休日は家族をどこかへ連れて行かなければいけません。仕事と家庭サービス以外に求めているものは常に睡眠でした。

そこへ新たに不動産投資が食い込んでくるのですから、かなり無理のある話です。

もう削るものは睡眠しかありません。不動産投資の活動自体は楽しかったのですが、肉体的にも精神的にもボロボロでした。

なにせ、物件そのものを探すのに時間がかかり、物件を直すのにも手がかかるのですから、なかなか前に進みません。

そんな中、目指す先を進む先輩投資家、チームを立ちあげて共に成果をあげるメンバーがいたのは、本当に心強かったです。

まったくお金がない人がはい上がるためには、「現状から逃げたい！」という強い気持ちがもっとも大事です。その気持ちを保ち続けるためには人間関係がキーとなるのです。

そして、大事な「何を目指すのか」でいえば、まずは「給与分のキャッシュフローを得る」ことを目標とします。

最終的な夢は「大金持ち」でもいいかもしれませんが、毎日の生活で疲弊している状況であれば、現実的な目線が必要です。不動産投資を始める前、僕の手取り月収は25万円ちょっとでした。年収にして４００万円です。

人によって手取りは変わってきますから、ある程度の金額の幅はあると思いますが、独身の年収３００万円の人なら、同じくらいのキャッシュフローが目標となります。

23 「くれくれ」ではなく「与える人」になる

不動産投資を始めるにあたって大事なのは、生活の見直し、それから人間関係の見直しです。

不動産投資の開始当時は、自分が教えを乞うため、先輩たちの後についていく立場でしたが、最近では僕についてくる人もいます。それで気づいたのですが、「その人の持っている価値を与えてくれる人は必ず伸びる」ということです。

自分のケースでいえば、デザインのことを熟知していたので、不動産投資をしている大家さんたちに対して、どうすれば少しでも物件の見栄えがよくなるかというアイデアを提供しました。

たとえば、3万5000円しか家賃が取れない地域で、1・5倍をとるためにはどうすればいいのか、ということです。

最近は賃貸住宅のデザインも随分変わってきましたが、僕が不動産投資を始めた6年前は、なんの工夫もされていませんでした。

なにより、投資家や大家さんはみんな地味でケチに見えました。

それというのも、当時の僕はスタイリストやカメラマン、時にはモデルやタレントさんとも仕事をしていましたから、不動産業界の人たちに対して「お金持ちなのにキラキラしてないな！」という印象が拭えなかったのです。

そのうち不動産投資の本質を知るにつれて、先輩投資家たちが長いスパンで物事を考える、堅実で素晴らしい人たちだと気づきました。

それでも、入居付けのためのリフォームも、ありきたりで魅力的ではありません。物件によって、やり方は変わってくるものですが、僕の方が「入居者のニーズがわかる」「客付がうまくできる」自信がありました。

もちろん、リフォームはお金をかければいいというものでもありません。そのバランス感覚をわかっていない人が多いように感じました。

結果的には、先輩投資家のお手伝いをして、自分の経験値も大きく伸びました。

自分がたくさんの先輩投資家、大家さんと付き合うにおいて、また自分の後からくる後輩の投資家たちと話してわかったのは、「その人によって強みは違う」ということです。

人を見る時、「この人から何を教えてもらいたいのか?」それと同時に「この人に対して自分は何を与えられるのか？」を考えます。

そして、先に何かを与えて貰おうという考えは捨てて、まずは相手に得をさせることです。

先輩大家さんや周りの人を見渡せば、ほとんどの人は能力に長けており、知識もあり勉強ができる人ばかりです。僕が勝っているのは、「平凡な物件をよく見せる能力」です。それがデザイン力です。

僕が読者の皆さんに言いたいのは、「何か1つでも優れているもの見つけて！」ということです。おそらく、皆さんにも必ずあるはずです。

それでは、どうやって自分の秀でている部分を探せばいいのか。とにかく自分の過去を振り返ることです。

たとえば、不動産について一切知らなくても、何か別の価値を提供できたら充分です。そこに情報が集まります。

計算に長けていなくても、計算のできる人と友だちになればいいだけです。お金がなかったら、お金持ちと友だちになればいいのです。これはお金持ちから奢ってもらうという意味ではなく、お金を持っている人の感覚を教えてもらい、そのセンスを身につけるということです。

お金を集めるのが得意な人がいれば、その人からどうやってお金を集めているかを聞いたらいいですし、その人に自分から与えられるものが、コンパのセッティングであれば、コンパでもいいのです（むしろ僕にとってもその方が嬉しいかも）。

よく、「私は何もできないので……」という人がいますが、「何もできない」という時点で、「私はあなたに差し出す気持ちがありません」と同じ意味に聞こえます。何かしらを与えていかなければ誰も寄ってきません。

とりわけ大家さんや投資家は、1円でも得をしたい人種の集まりです。ですから、絶対に得をさせなければいけないと思います。裏を返すと、得をさせれば人が集まるものです。

24 「自己責任」の使い手になれ!!

それにしても自己責任を理解している人が少ない気がします。

自由と自己責任は表裏一体です。自由を得る代わりに責任を負わなくてはいけないのですが、人のせいにしないことは、どれだけラクなのか——それを、皆さんにも知って欲しいのです（すごく気楽ですよ！）。

今の環境、今の自分、これらすべて自分の選択です。ただし、生まれた家が裕福だったり貧乏だったりというのは選ぶことができません。

それをマイナスとして考えるのか、それともメニューの少ないレストランに入った程度に捉えるのかは本人の受けとめ方次第なのです。

カモにされない、カモにもしてもらえない。

そもそもお金のない状態は、選択肢が限られています。それは選択肢が豊富にありすぎて悩んでしまうよりも、ある種恵まれているのかもしれません。

豊富にある手法から選べない分だけ、決められたところで頑張るしかないのです。

言い換えれば、非常にシンプルなステージで戦えるわけですから、決してそれは悪いことでもありません。カモにされないということは、損の度合いも小さいのですから。

本当に損をする人は何億円レベルで損をしています。かつて、僕はＦＸで30万円の失敗をした経験がありますし、民泊で８００万円溶かした経験もあります。

一般の人ですら数千万円の損害を聞きますから、僕の失った金額などたかが知れています。それでも当時の僕からすれば半年分の副業の稼ぎと小遣いに値《あたい》し、寝食も惜しんで貯めたお金だったのですが。

昨今は不動産投資ブームということもあり、成功した華やかな投資家もたくさんいます。憧れの金持ち生活を実現しているような投資家であっても、地道な貯蓄に励んだ経験が絶対にあるものです。多かれ少なかれ、何かしら節約したり出費を切り詰めながら、取捨選択してお金と真剣に向き合っていると思います。

僕は不動産投資を始めた時にタバコをやめています。実情をいえばタバコを買うお金すらなかったのです。

それまではシケモクを分解して紙で巻き直してまで吸っていました。正直いって不味いのですが、とりあえずタバコを吸っていたかったのです。

タバコの葉っぱだけ買い、紙で包んで吸ったりもしました。夜中の2~3時に帰宅して、それから紙を巻く作業をするなんて、もう不動産をやりながらではやっていられません。

また、不動産投資の世界では、結果を出していない人は自然に淘汰されていきます。何をもってして結果というのか。それは、「お金を得ること」です。

たとえば、目標が家賃収入で月20万円など大きくなければ、結果を出して満足している場合もあります。

しかし、本来の自分がたどり着きたいところまで行かずに諦めてしまう人が大勢います。

継続できない理由として考えられるのは、瞬間的なモチベーションだけで動いているということ。そして、確固たる思いがないこと。

今の状況から脱出したい、より良い暮らしを送りたい、自由が欲しい……このように強く切望しなければ、なかなか投資を続けられないでしょう。

不動産投資はラクして儲かるものではないのです。

成功し続けている人であっても、ごく自然にそれが実行できている人など極めて希なケースで、大半の成功者は満たされない気持ち、反骨精神をパワーにしています。そして、成功に至るまでは失敗と挫折の経験があるものです。


諦めてしまう人は自分に都合のよい理由を見つけるのが上手いです。

「やらない理由」なんて、いくらでもあるわけです。「忙しい」「時間がない」「お金がない」そんなのみんな同じです。

中には不動産投資をスタートさせる前に諦めている人もいます。

不動産投資をしていない人から、どれほど危ない投資であるのか、そのリスクを聞かされて断念するケースです。

「借金が怖い」「空室が心配だ」と動きもせずに結論を出す人がいます。

このような方はこの本を閉じてください。そして、本気になった時に、また読んで頂きたいです。

不動産投資で大事なのは、ブレない心とやり続ける心、その後に経験です。

不動産賃貸経営は、かなりの割合で全方位知識が求められますが、すべてを満たす人などいません。

先輩大家さんの知恵を借りられますし、大家業ほど外注の仕組みが整った商売はありません。

判断すること、責任をとることは求められますが、なにもかもを1人で行う必要はないのです。

25 家賃収入を得ながら売却も両立する「廃屋再生投資」の仕組み

ここからは読者の皆さんが社畜脱出をするために、どのような不動産投資をすればいいのか、その概要を伝えます。

家賃月収50万円~60万円、サラリーマンの給与を超えるだけのキャッシュフローを得ることが目標です。

期間は僕と同じ2年と設定していますが、ある程度の貯金を持っている人は、もっと早いスピードで達成することができると思います。決して簡単な道のりではありませんが、「小嶌だからできた」という特殊な方法ではありません。

基本的な考え方としては、一般的な住居……つまり、普通のマイホームとして見た場合に、ボロボロすぎる物件、資産価値がまったくない物件、汚くて住めない物件、修繕費が多額にかかりすぎる廃屋物件に狙いを定めます。

その理由はとにかく「安いから」。安いといっても、相場よりもちょっと安い程度ではありません。とんでもなく安く買うのが大事です。具体的にいえば100万円以下で買いたいところです。

「そんな家あるの？」と思われた方、その感覚は正常だと思いますが、実際にありますし、今でも買うことができます。

僕が初めて物件を購入したのは2010年、リーマンショック後の景気が冷え込んでいた時期で、たしかに相場は安かったと思います。いわゆる1棟ものの投資用物件についていえば、この頃の水準で購入するのは難しいのが現実です。

しかし、ボロボロの廃屋物件に関していえば、いつの時代もあります。

そもそも日本は少子高齢化が進んで、お年寄りがどんどん亡くなり、誰も住まなくなっ

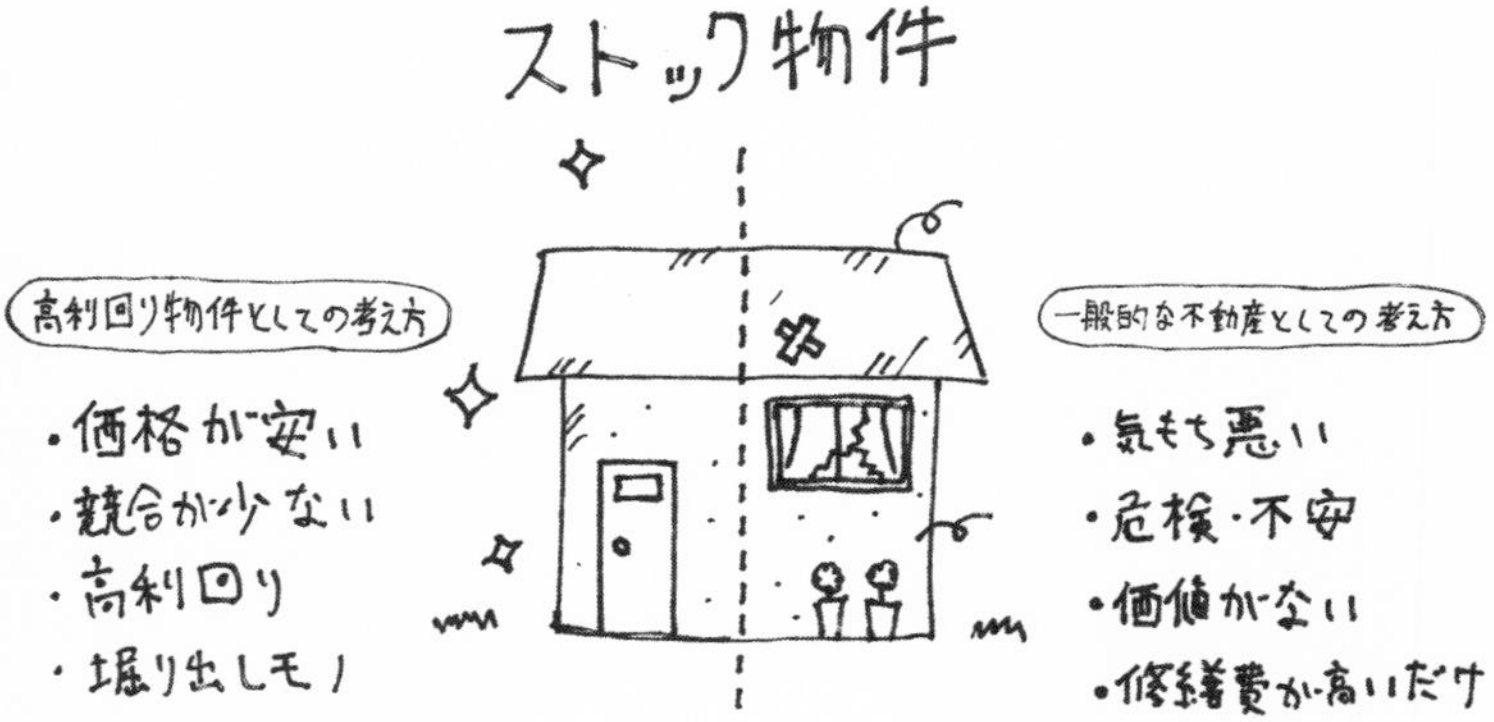

た家で溢れています。ニュースを見れば、日本全国に空き家が溢れかえって社会問題になっているくらいです。

僕自身の実績は、大阪府下が中心ですが、日本全国を見渡せば、それこそ「いらなくなった家」「いくらでもいいから手放したい家」はたくさんあるはずです。ただ、それが商品化されてないだけ……と考えます。

そういった廃屋物件を安く購入して、高利回り投資物件に再生させるのが前提です。どのような物件を買ったらいいのかは第6章で、再生術については第7章で解説します。

とにかく1棟目として廃屋物件を購入して高利回り物件を作り上げたところから、社畜脱出への道がスタートします（その準備については第5章に詳しく書いています）。

次の図は実際に僕が購入した物件を事例にして、

買い進め例をまとめました。

ぴったり条件の同じ物件を購入するというよりは、こういった流れで物件を買い増していく……というイメージとして参考にしてください。

①1号物件を購入する

まずは1棟目の物件です。自己資金150万円で現金購入します。目指す利回りは20％以上です。目安として2桁台で物件を購入して、残りのお金でリフォームします。

事例は僕が購入した金額＋リフォーム費用ですが、物件購入費用＋リフォーム費用150万円で行うことを目標としています。もちろん、自己資金に余裕があれば、この限りではありません。

②2号物件を購入する

続いて2号物件です。こちらも利回りは20％が目標です。

自己資金150万円はすでに使っていますから、ここではカーローンを利用して購入することを仮定しています（実際に僕がそうでした）。家族から借りられる、自己資金がまだ残っている人は、カーローンは使わないでください。あくまで、これはお金がまったくない人の裏技です。

③売却を行う

こうして1号物件と同様に、高利回り物件を2戸購入したら1戸は売却して自己資金を増やします。僕のケースでは、たまたま2号物件を売却しましたが、1号物件を売却しても構いません。

もちろん、自己資金に余裕がある人は無理に売却する必要はありません。戸建て・テラスハウスなどの物件は商品化するまでが超大変ですが、一度仕上げてしまえば手間もかからず、安定的な収入をもたらしてくれます。

④小ぶりなアパートを購入する

増やした自己資金を元手に、いよいよ1棟アパートへ進みます。ここで購入するのは、これまでと違って集合住宅です。ローンを組んで購入することを目指します。そのため、ここまでの期間で確定申告をしておきます（ローンの使い方については終章にあります）。なんとしても利回り20％を確保しましょう。

⑤より規模の大きなアパートを購入する

次に、より大きな規模のアパートを狙います。やはりローンを使います。ここまできた

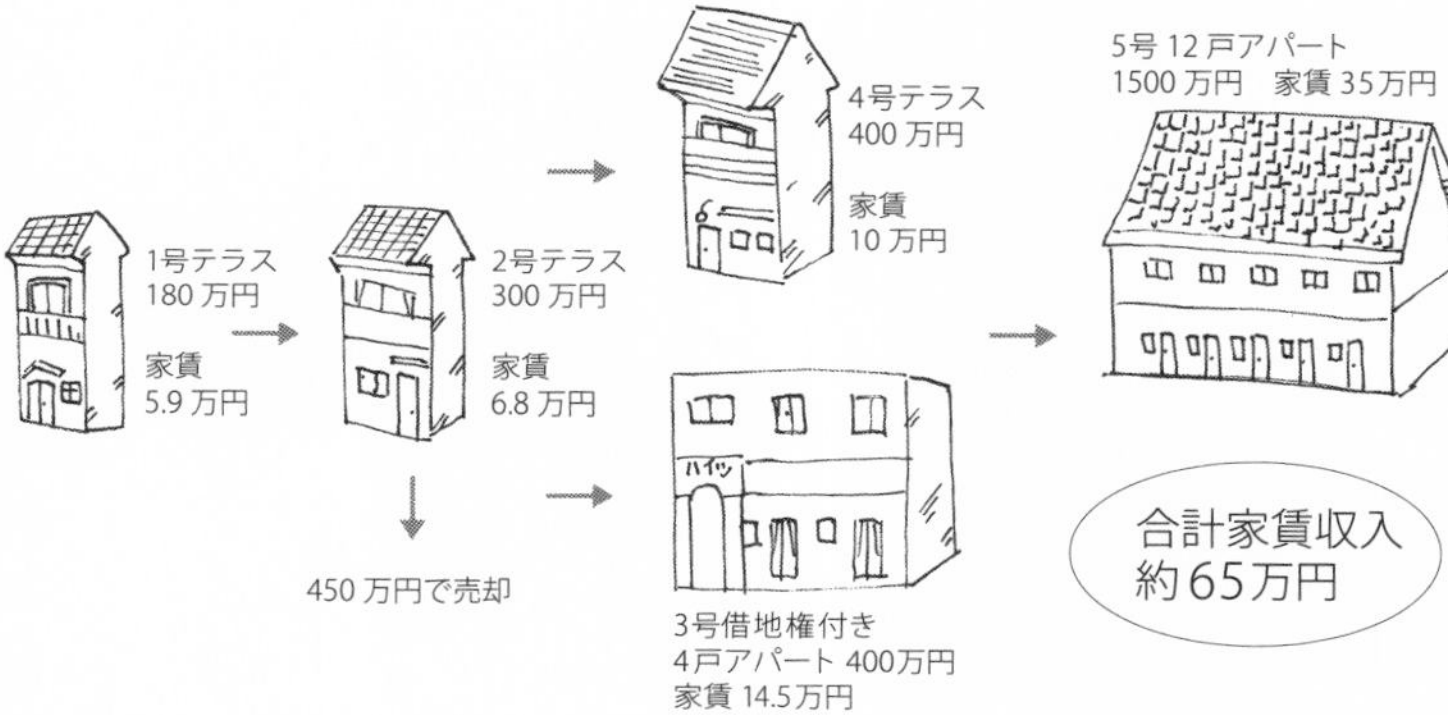

ら、５棟10室と規定されている事業規模を超えて、もう立派な大家さんです。購入できた物件と融資条件にもよりますが、キャッシュフローは手取り月収を超えていることでしょう。

この後は、売却を取り混ぜて自己資金を増やし、より大きな物件を購入して規模拡大することもできます。その他、キャッシュフローを貯めて戸建てを増やしていくような、時間はかかるけれど安定的な収益を得るやり方もあります。

いずれにしても社畜脱出の道筋として、まずは「月収分のキャッシュフローを得る」という目標は達成できるでしょう。僕の場合は、結果的に2年でサラリーマンを卒業して自立することができました。

しかし、実のところは計画的に実行できたわけではありません。

本当は、家賃月収100万円が得られて、最低でもキャッシュフロー50万円を達成してから退職しようと考えていましたが、会社勤めが過酷で無理でした。

それでも自分の中で「不動産投資でやっていける！」という確信ができた瞬間に、会社を辞めました。そこには「会社を辞めて、遊んで暮らす」なんていう発想はありません。「会社勤めを卒業して、独立する」という意識です。

自分の中での確信はこれまで2回ありました。

1回目は「自分のデザイン力で必ず客付ができる！」という確信。2回目は「それが必ず売れる！」（売却ができる）というものです。だから、大きく稼げるようになってから辞めたのではなく、その2つがあれば、会社を辞めて独立してもやっていける、そう思って決行したのです。

読者の皆さんにも同じように、「会社を辞めて独立する！」という強い心を持って不動産投資に取り組んでもらえたらと思います。

第5章

投資を始める前にやっておくべきこと

26

やりたいことを紙に書き出す

ここからは具体的なノウハウに入ります。まず、不動産投資をする前に必ずやっておきたいのは、「自分は何を目指すのか」「どうなりたいのか」を決めることです。

シンプルですが、ザッと紙に書き出すことをおすすめします。それには必ずしも数値化する必要はありません。もっと単純に「したいこと」「したくないこと」を書いていくだけでもいいのです。

たくさん眠りたいのか?
友だちが欲しいのか?
職場を変えたいのか?
なぜ変えたいのか?
何が不満なのか?

それを書いていくと、頭の中で混ざっているものが整理されていきます。

大半の人たちが紙に書いても選べません。それは現状を捨てることができないからです。まずは自分が「どうしたいのか?」を書き出して、問題点や不満を明確にします。その中で、お金で解決できるものを選択すればいいでしょう。

「職場を変えたい=今の職場を捨てたい」と望んだ時に、代わりに家賃が入れば退職しても困ることはありません。

27 不満の8割は金で解決できる

不満の8割は、お金と時間のゆとりがあれば解決します。自分がしたいこと、したくないことを実現するにあたり、最低限お金がいくらあればいいのかを計算してください。

選択肢として、思いきった大きな金額を目指す人であれば、おそらくハイレバレッジ投資を選ぶことになるでしょう。

レバレッジというのは「てこの原理」です。簡単にいえば少ない元手で大きな融資を受けて、より大きな収益を得ることを目的とします。

その実現には巨額の融資が前提となるので、金融機関から見て信用に値する人、つまり、高年収のサラリーマンや公務員、士業、もしくは、地主のような資産があることが条件です。低年収の人たちにとっては現実的ではありません。

自分が今の生活をリセットして、最低限暮らしていける規模であれば、意外に小さな金額でこと足ります。

たとえば20代後半~30代の独身男性、ブラック業界のシステムエンジニアで手取りが20万円程度のサラリーマンであれば、必要なお金として給料と同額の20万円で解決ができます。

つまり、月額20万円で自由が手に入れられるのです。

くわえていえば、月20万円はゴールではなくてスタートです。

まずは20万円を作り、自分の不満を解決してから、新たに進めていく考え方です。そこが現状から脱出するためのゴールでありながら、次のステージのスタート地点でもあるのです。

大きな目標を設定したい人は、まずは現実的な目標から始めて、次のステージに進んだ時に、改めて目標設定をし直すことをおすすめします。

28 手持ちの現金はいくら？　まずは50万円を集める

お金のない人にとって、まず1つ目の物件の取得がもっとも難しいです。とにかく50万円を貯めましょう。

期間設定としては、早ければ早いほど良いと思います。それでも1年もあれば答えが出ます。

昼食にコンビニ弁当を食べているのであれば、自分で握ったおにぎりを持って行きましょう。タバコもやめましょう。付き合いの飲み会は仮病を使ってでも休みましょう。そうやってとにかく支出を減らします。

スマホの料金プラン、保険、昼食、タバコ、付き合いの飲み会……無駄という無駄を削ってお金を捻出します。これができなければ次の道はありません。1円でもいいからお金を貯めていくこと。これがミッションです。

たとえば、僕が相談を受けたなら、「保険はどれくらい入っていますか？」「すべてを解約したら、なんぼお金が集められますか？」「何か売るものはないですか？」を問います。

くわえていうのであれば、先述しましたが、資金づくりの最終手段として、カーローンをつかってお金を捻出することができます。

はっきりいって裏技ですが、僕はそれを実行しました。車を買って、その車を売却します。これが何よりも手っ取り早いです。このように必死でお金をかき集めます。

29 貯めるまで待っていたらダメ、土下座でも何でもして150万円にする

続いては、お金を借ります。どんなにお金がなくても、自分が今まで生きてきた信用があるはず。それが身内への借金です。

信用がない人は日雇い労働でもするしかないのですが、何かしらの信用があり親兄弟、友だちに熱く説けば必ず誰かがお金を貸してくれるものです。それで借りられなければ信用を築くだけです。

お金が借りられなかったら「コツコツ貯めるしかない……」と思いがちですが、とても

スピードが追いつきません。

もちろん、節約して貯金するのは大前提ですが、お金を貯めるよりも信用を貯めるほうが早いです。家族に対して信用を得られるような行動を心がけます。

本当に生活に余裕がない人は、切り詰めるところもありません。まだ時間があれば、副業もできますが、時間がなければそれもできません。

僕自身も様々な副業に手を出しましたが、ラクをして簡単に儲かるようなものはなく、ある程度の資金や手間もかかります。

自分の経験からいえば、副業はかえって遠回りになる可能性があるのでおすすめできません。お金を貯める時間を惜しむ考えにならなければいけないのです。

現状でお金がない人間のいう「お金が貯まってから」ほど、アテにならない言葉はありません。

そもそもそれができる性質であれば、すでに貯まっていると思いませんか？

キツイ言い方になりますが、「お金が貯まってから」と先送りしているだけです。

まずはお金のまわる仕組みをつくって、お金が入るようになってから、お金をしっかり貯めていけばいいのです。

お金が入っても来ないのに、お金を貯めるなんて無理難題です。

だからこそ、まずは「お金をどこから引っ張ってくるのか」を考えたほうが早いのです。親兄弟、友だちといった近しいところからすべて攻めてみましょう。そこに選択肢などありません。

取り急ぎ、目指す金額は50万円です。本当は100万円あったらいいですが、100万円のハードルは高すぎます。まずは50万円です。もし、100万円の都合がつけば、それはより有利に進めることができます。

30 不動産投資の勉強法は……?

不動産投資の準備を伝える第5章の結びとして、不動産投資の勉強法について書きます。

序章で情報弱者をDisってしまいましたが、かくいう僕も情弱でした。勉強が大嫌いで、活字の多い本が読めない残念な体質です。不動産投資の本は30冊ほど読みましたが、隅々まで読んだ本は数えるほどしかありません。

しかし、本は人を変えるきっかけになります。

すべてを理解できなくても、その中で心に響く部分を見つけられたら良いのではないでしょうか。ここでは、僕が参考にした本を紹介したいと思います。

◆まずはやる気スイッチを入れる書籍

・『人生の地図』（高橋歩著／A.Works）

高橋歩の書籍はすべて読み、自由人へ憧れました。後に出た『自由人の脳みそ』もおすすめです。

◆お金のお勉強

・『カリスマ受験講師細野真宏の経済のニュースがよくわかる本』（細野真宏著・小学館）

図が多いのでわかりやすいです。

・『お金持ちになれる黄金の羽の拾い方　知的人生設計入門』（橘玲著／幻冬舎）

不動産投資の駆け出しの頃に仲間から「読んでおけ」とすすめられました。

・『金持ち父さんのキャッシュフロー・クワドラント』（ロバート キヨサキ著／白根美保子翻訳／筑摩書房）

キャッシュフロー・クワドラントはE（会社員）・S（自営業者）・B（ビジネスオーナー）・I（投資家）に区切った4分割の図からなりたっています。どんな人でもこの4つのタイプのどれかに属し、お金を生み出していることを自覚しました。

◆不動産投資の参考になった書籍

・『〈不動産営業マンが本音で教える〉はじめての家の買い方』（本鳥有良著／日本実業出版社）

誰もが逃げられない「自宅」の家賃やローン。僕はまずはここから不動産を知りました。

・『ボロ物件でも高利回り激安アパート経営　入居率95％を誇る非常識なノウハウ』（加藤ひろゆき著／ダイヤモンド社）

根性と情熱と100万円くらいあれば、アパート経営は誰にでもできる……安い家の存在を認識した名著です。

・『知識ゼロでも大丈夫！　基礎から応用までを体系的に学べる！　不動産投資の学校［入門編］「お金持ち大家さんになりたい！」と思ったら必ず読む本』（日本ファイナンシャルアカデミー編著／ダイヤモンド社）

少し退屈な本ですが、不動産投資の基礎知識がサラッと学べます。

・『学生でもできた！　逆転不動産投資術　低所得・保証人無しで融資を受けて専業大家』（石渡浩著／ぱる出版）

◆（おまけ）僕の書籍

築古高利回りアパートを探す際に参考になる路線価サイトを見るきっかけになりました。

・『50万円の元手を月収50万円に変える不動産投資法』（ぱる出版）
・『だから、失敗する！不動産投資【実録ウラ話】』（ぱる出版）
・『持ち家で人生が変わった！最強の家探し』（プラチナ出版）

以上が序盤で役にたった書籍です。

これは、すごく大事なことですが、本で自分の中の「やる気スイッチ」が入ります。人によってその本は違うかもしれません。

僕にとって最初のスイッチは『人生の地図』でしたが、それはあくまで「僕の」スイッチです。皆さんも自分のヤル気スイッチが入る本を探してみてください。

ここで紹介した本は僕にとっては役に立った本ばかりで、読者の皆さんにもきっと役に立つ内容です。

本にはたくさんの不動産投資手法が書いてありますから、ある程度、お金がある人であれば、迷うかもしれません。しかし、お金のない人に選択肢はありません。本の中で自分が実現できそうなことだけを吸収すればいいのです。

一番いけないのは本を読んで気が済んでしまうこと。よくあるパターンでは本を読んで、セミナーに参加しただけで勉強した気になり、行動に移さない人です。いわゆる勉強ばかりして頭でっかちになってしまう、ノウハウコレクターのような人も同様です。

本から知識を得るのはもちろんですが、自分の中のヤル気スイッチを入れる……それこそが大事だと思います。

また、矛盾するようですが、僕は本ですべてを学ぶというのも無理があると思っています。興味があればすぐ頭に入りますが、興味のないことはなかなか理解できません。

たとえば、不動産投資の本でもリフォームや客付ノウハウなら関心はあるのですが、不動産投資指標やシミュレーションになると、数字だらけで面白いと思いません。もちろん、その逆という人もいるでしょう。

そもそも、勉強というのは、本を読むだけではありません。実際に自分で動きながら学んでいく方法もあります。

知識はとても大切ですが、知識ばかりを詰め込んでしまうと余計な計算が働いてしまうのです。

その結果、頭でっかちになり、「これはできへんな」「あれも無理や」と諦めてしまいます。それで本当にやめてしまう人もたくさんいます。だから、本でスイッチを入れて、次に行動を起こすことが大事だと考えています。

第6章

まず、どんな物件を購入すべきか

31 誰も買わない廃屋物件を100万円未満で買おう！

第6章では、具体的にどんな物件を購入したらいいのか、不動産投資でもっとも重要な部分です。

これまでの準備で資金集めはできているはずですし、大家さんの会にも足を運び、先輩大家さんと人間関係を構築されていることが前提です。

人間関係の構築とは前章で解説した通り、物件探しを行う前に大家さん仲間を作っておくことです。

大家さん仲間がいたら、購入時はもちろん、後々の買い進めや購入後のリフォームなど、あらゆるところでその人的ネットワークが有効に働いてくれます。

そこまでの下準備ができたら、いよいよ物件探しです。

物件購入の目安として、初期のころに買うものは戸建て・連棟・小規模アパートを選択肢に入れます。

まったくゼロから始める人であれば、自己資金はリフォーム資金を入れて150万円ですから選択肢はありません。

1棟目の物件は100万円未満で手に入れましょう。誰も買わない、むしろ避けるような廃屋物件をあえて買いに行くのです。

ただし、「必ず100万円未満でなければいけない」と受け止めないでください。

持っているお金がもっと多ければ、そこまでのリスクをとることはないのです。目指す金額が低ければ低いほど、そのハードルは高くなります。お金がある程度あれば、普通の戸建てや小規模アパートを買えばいいのです。

しかし、それだけのお金しかない人は仕方ありません。覚悟を決めて安い物件を探します。

初めて買う投資物件は、お金を儲けるためでもありますが、そこでの体験から勉強をして、次の一手に進むための最初の切符のような位置づけです。100万円未満の物件が、どんな学校以上にも効果のある学びの場になるのです。

次に1棟目から3棟目くらいまでの、初期のころに購入すべき物件の種類を紹介します。

中古不動産というのは、どれも同じように見えて、じつはバラバラです。詳しくは次項以降で説明しますが、値段が安ければ大半はハズレですが、なんとか「当たり」を探します。正確にいうとハズレ物件を自分自身で当たり物件に作り替えるイメージでしょうか。

①戸建て

一般的な一戸建ての住宅です。築年数が古い物件、雨漏りしている、シロアリの被害があるなど、修繕にお金がかかりそうな場合であったり、借地権や再建築不可（建て直しができない物件）であれば、値段が下がります。

②テラスハウス（連棟長屋）

関西で安い物件となればテラスハウスの場合が多いです。テラスハウスと呼べばオシャレなイメージを抱きますが、隣の家とは壁1枚でつながった長屋式の家で、連棟長屋ともいいます。建替えがしにくいことにくわえて、大阪の場合は広さのない、狭いタイプが多く値段が安いのです。

③小規模アパート・文化住宅

3棟目以降に購入する物件として、小規模アパートをおすすめします。4戸くらいの物件を、1000万円以下で購入できれば理想です。戸建てやテラスハウスに比べて値段は高いですが、アパートの方が家賃収入は多く得られるため、規模拡大の次の一手という位置づけです。

●新しいお部屋。

●ちょっと
古いお部屋。

●かなり
古いお部屋。

●かなり古くて
汚いお部屋。

●かなり古くて
汚くて痛みが
激しいお部屋。

●かなり古くて
汚くて痛みが
激しくて
雨漏りがあって
シロアリがいる
お部屋、、、、、、、

沢山沢山の廃屋物件を見に行こう。
そして近隣を歩いて調査しよう。
始めは何がなんだかわからないけど、
わかってくるほど面白い。

※大阪城は鉄筋コンクリート EV 付き

32 情報を集めるためのルール

物件情報は基本的にインターネットで探します。検索するサイトは以下のものです。

◆物件探しに使えるサイト

・建美家　https://www.kenbiya.com/
・楽待　http://www.rakumachi.jp/
・HOME'S　http://www.homes.co.jp/
・アットホーム　http://www.athome.co.jp/
・Yahoo! 不動産　https://realestate.yahoo.co.jp/
・ニフティ不動産　http://myhome.nifty.com/
・FUKUYA（関西）　http://www.fukuya-k.co.jp/?area=kansai
・住友不動産販売　http://www.stepon.co.jp/fair/tkrh/area1/
・三井のリハウス　http://www.rehouse.co.jp/

アパート・マンションといった収益物件は、不動産投資情報専門のサイトがありますが、戸建てやテラスハウスは投資用ではなくマイホームとして売られています。そのため「中古の一戸建て住宅」のカテゴリです。

また、より範囲を広げるために住宅ではなくて、「古家付の土地」も探しましょう。

この場合は「土地」のカテゴリの中で、「古い家がそのまま残っています」という形で売られています。古すぎて使えない、もしくは修繕の手間やコストがかかるため、建替えを前提に売られているのですが、その古家を再生して使うというわけです。

基本的に住宅情報のサイトには、売買でも賃貸でも条件を選んで検索する機能がついています。

たとえば、築年数や駅からの距離、広さや間取りなども選べます。しかし、そういった細かなソート機能は一切無視します。選択するのはあくまで「価格」だけです。

インターネットで物件検索をする際は、安いにこしたことはありませんが、100万円以下の物件を見つけることはできないと思います。

検索する際には100万円以下で探すと該当件数が減ってしまうので、200万円に広げます。中には一番低い価格が500万円のサイトもあるので、その場合は「下限なし～500万円」にします。とにかく安い物件をチェックしていきます。

このようにして発見した数百万円の家の価格は、あくまで「売主が希望する価格」ですから、値引き交渉をして、100万円未満の値段で購入するのが目標です。

ここで、不動産業者について解説します。

物件探しから購入、その後の管理運営まで、複数の不動産業者が関わってきますが、種類がありますので覚えてください。

◆不動産業者の種類

・不動産売買仲介業者……不動産の売買を仲介する業者
・不動産賃貸仲介業者……不動産の賃貸を仲介する業者

その他、不動産を管理するための不動産管理会社もあります。売買仲介だけを専門に行う会社もありますし、売買と賃貸の両方を扱う会社もあります。

物件探しにおいては、売買仲介業者と関わります。

具体的な指値のノウハウは後述しますが、指値をするための条件として、売買仲介業者の中でも、元付けの不動産業者を選ぶことです。

元付の業者は売主から直接買主を探すことを依頼されています。また、客付け不動産業者といって、元付け業者に対し、買主を紹介する業者もいます。

指値の交渉をするにあたっては、売主とやりとりをしている元付け業者の方が話は早いのです。売り急いでいるのであれば、どのような事情なのかも把握しているケースが多いです。売却理由を知ることは指値をするにおいて必要不可欠です。

くわえて、仲介手数料についても元付け業者が有利です。

それというのも、不動産の売買仲介の手数料は法律で決まっており、売主・買主ともに支払うものです。

売主が依頼した不動産業者（元付け業者）と、買主を見つけた不動産業者（客付け業者）に分かれている場合と、売主が依頼した不動産業者が買主を見つけた場合では、手数料が倍も変わるのです。

不動産業界では、業者が売りと買いに分かれる場合の手数料を「片手」、分かれていない場合の手数料を「両手」といいます。支払う側からすれば同じですが、業者にとっては両手取引のほうが得をします。

そもそも安い物件を、さらに安く買おうとするのですから、業者さんにとってみればメリットの少ない仕事です。仲介手数料くらいは両手で受け取って頂きたいものです。

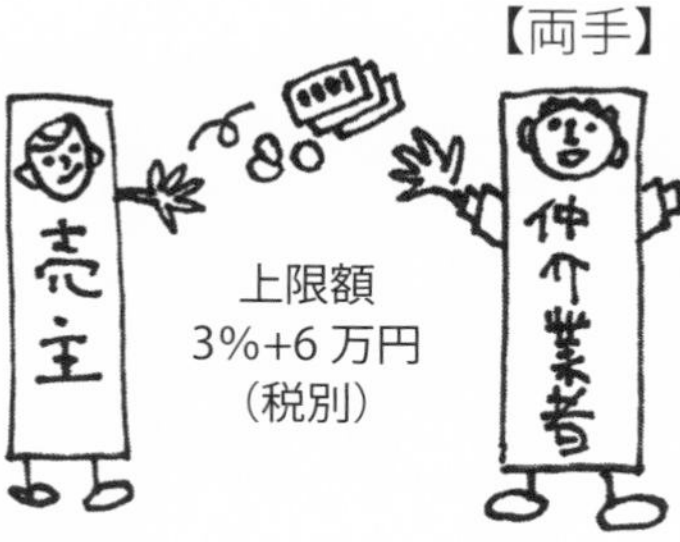

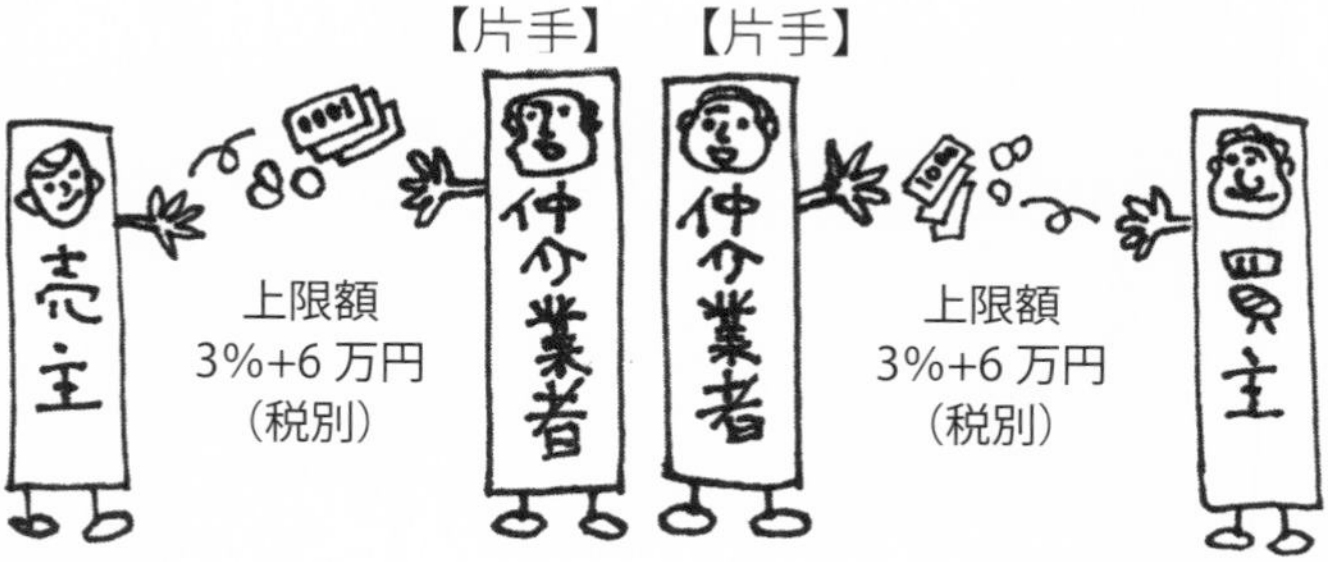

このように「交渉を有利に行うため」「少しでも多く儲けてもらうため」の2点から、情報収集では元付け業者を探しましょう。

元付け業者であるのかは、物件概要で記載されています。

元付け業者との付き合い方でいえば、とにかく「お金を持っていて買えること」「自分が手間のからない良い客であること」を伝えます。「お互いにＷｉｎ Ｗｉｎになりましょう！」とアピールをして、使える手は何でも使って買いましょう。

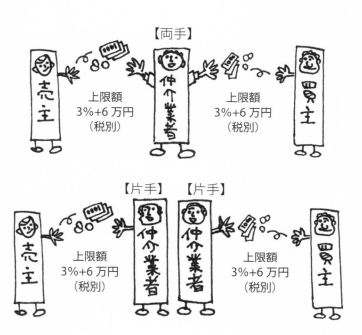

33 物件探し、どのレベルの物件を買うのか？

続いては、どのような物件を購入すべきなのか。

まずは投資エリアを決めます。それは「自分が通える範囲」とします。

なぜエリアを狭い範囲に限定するのかといえば、限られた予算でリフォームをするためには、自分でＤＩＹするしかないからです。

ＤＩＹをするために「通える範囲」でエリアを絞って物件を探し、２００万円を切っている物件をひたすら見ていくしかありません。

そのうちに目が肥えてきます。低価格の物件だけを見ていくと、その中でも差がわかってくるものです。

壁に穴が開いている、床が抜けている、雨漏りしている……などですが、それらが致命的なのか、そうでもないのか。同じように傷んで見える物件でも、その違いが少しずつわかるようになります。

いろいろなチェックの仕方はありますが、窓の開け閉めができるのはいい物件です。物件によっては建物の歪みから窓を開け閉めができない物件もあります。

物件の立地や周辺環境については、次にあげる3点が基本となります。

◆買ってもいい廃屋物件

・家賃がとれる地域
・近隣の住民に問題のある人がいない
・最低限、賃貸需要がある

まずは、「家賃がとれる地域」であることです。

地域差があるので具体的な金額は出しませんが、人気地域かどうかを家賃から判断します。同じ間取りで他の地域と比べれば推測ができます。

基本的に安い物件を売り出しているのは、ほとんど低家賃の地域ですから、家賃がとれる人気地域では少し高めの価格でも手に入れたいところです。

それから物件だけでなく、「近隣の住民に問題のある人がいないか」というのも必ずチェックします。

しっかり社会生活を営んでいる人が周りに暮らしていることが大事です。家がそれなりに手入れをされていて、洗濯物がきちんと干されていて生活感があればＯＫです。

物件の調査に行った際は、近所の人と少しでも話をしてみましょう。

「これ売りに出ていますよね?」など、その物件についての世間話をします。そうすると「それが、ここではちょっと言えんのやけど……」と前置きをしながらも、いろいろと詳しく聞き出すことができます。それを聞いた結果で、購入可否の判断ができます。

中には、部屋の人が何度も亡くなっている不吉な物件もあります。

本来であれば、告知事項といって、売却の際に説明義務はありますが（賃貸に出す際も同様）、ごく稀に聞かされていない場合もあります。

その他にも隣人がとても変わっており、工事の妨害をしたり、土地の権利関係で揉めていることがあります。


３つ目の「賃貸需要がある場所で購入する」ということも大切です。

価格帯から「誰もが住みたがる人気エリア」というのは難しいですが、それでも借り手がいなければ成り立ちません。まわりに人が暮らしているかというのは重要です。

稀にですが、人がまったく住んでいないエリアに物件が建っていることもあります。そのような物件は何をしてもお客がつきません。安い物件ばかりを探していたら場所を選べませんが、それでも人里離れたところは止めておきましょう。

その他、安くなる要素としては借地権、再建築不可、既存不適格、市街化調整区域があります。

◆価格が安くなる不動産

借　地　権……土地の所有権を持たない。地代がかかる。売却時に承諾料が必要。

再建築不可……道路の接道義務を満たしていないため、建替えが不可能な土地。

既存不適格……建てられた当時は問題なかったが、現状で建物が法律で定められた基準を満たしていない物件。

市街化調整区域……市街化を抑制する区域のことで、例外的に許可される場合もあるものの、原則として新築住宅を建てることはできない。


そのうえで次に掲載した「廃屋現地チェックシート」を用いて、それぞれの項目を確認してください。前提としては、「問題なし」という物件はありません。満たしていない部分をチェックして、それが自分でカバーできるかどうかで判断します。

廃屋現地チェックシート ☑

〈環　境〉

□　前面道路まで工事車両が入ってこれるかこれないかで工事費用に影響する

□　両隣／向かいの住人を知る　洗濯物や残置物で推測

□　工事を円滑に遂行できるか　挨拶回りで調べる（物件の履歴情報も確認）
　　後々工事前に粗品などを職人さんに渡すように伝える

〈物　件〉

□　外観の雰囲気の改善が必要なら最低限の施工を考える

□　玄関扉は問題なく開くか？

□　悪臭がしないか？　とりあえず窓を開ける

□　傾きやゆがみで気分が悪くならないか？

□　分電盤／電気配線は少なすぎたり古すぎないか？

□　雨漏りはしていないか？　何度も確認する

□　屋根から空が見えていないか？

□　畳は表替えですむか、交換しないといけないか？

□　床はしっかりしているか？

□　可能であれば床下の湿りをチェックする

□　キッチンは使用可能か？

□　お風呂は使用可能か？

□　トイレは使用可能か？

□　構造的な問題がないか大工さんに確認してもらう

□　壁面はクロスか？　ペンキか？　左官か？

□　ＴＶ配線の確認／地デジ工事はどうか？

□　洗濯機置き場を考える

□　物干場所を考える

□　最後に見直す／生活に最低限必要な設備の配置を想像して確認する

34 廃屋物件のリスクと、お得に買えるポイント

これらの廃屋物件は、金銭的なハードルは低いけれど、その他のハードルはめちゃめちゃ高く問題は山積みです。

その物件が安い理由は、何かしらの問題を抱えているからです。それが「リスク」です。リスクには以下のような種類があり、このリスクに対する対応力は人によって変わるものです。

◆廃屋物件のリスク

・人的リスク……近所にゴミ屋敷があるなど人的な問題がある。
・物理的リスク……物件が壊れていて修繕が必要など物理的な問題がある。
・心理的リスク……人が亡くなっているなど心理的な問題がある。
・権利的リスク……境界線が曖昧なものなど権利関係の問題がある。

これらのリスクには複合型もありますが、怯んでいたら買えません。それを乗り越える

ことが勝ち進むための道です。

安い物件を探して買うことは誰にでもできます。

ただし、その物件を再生して、客付することで商品にするのは一筋縄ではいきません。

それでも、商品化ができれば高収益を得られるのです。

安くなる理由として「リスク」と説明しましたが、とにかく何かしら負の要素があるものです。

正直いって、100万円未満の物件は人を寄せつけないムードとオーラを放っています。「これが人間の手で直せるものなんか？」という雰囲気があります。

しかし、中には、そこまでのリスクがないのに、安くなっているケースもあります。この場合、お買得である可能性が高いです。

わりとよくあるのは、次のような売り急ぎ物件や無知による値付けミスです。

・相続などで早急に現金化したい
・相場を知らなくて安く出している

相続税納税のために現金化したい場合、急ぎであることが多いです。不動産以外の事業を行っている売主が、資金繰り悪化のため、現金化を急ぐケースもあります。

その他、相場をまったく把握していない無知な業者が出している物件は割安であることが多いです。土地値がないエリアで上物も古いことから、「これくらいの値段しかつかへんやろな」と、地元の業者さんが深く考えずに何となく安く値をつけているケースです。

いずれにしても、日夜情報をチェックして、相場を把握していなければ、割安であることもわかりません。

35 指値交渉術　査定をして買付を入れる

現地調査をすれば、たくさんの問題点が出てくることでしょう。この結果、指し値につながる内容もあれば、買わないほうがいい選択肢も出てくるわけです。

買い手としては少しでも安くて購入したいですし、売主は少しでも高く売りたいのが本音です。そこで袖の下から袖の上まで、あらゆる手段を使って買います。

物件購入のチェックリストの内容と被りますが、次のような物件であれば、指値交渉ができる可能性もあります。

◆激安物件の特徴・指値できるポイント

・権利関係が複雑
・相続などで売り急いでいる
・周辺環境に問題がある
・物件そのものに問題がある
・値付け前の物件（商品化されていない物件）
・他に買う人がいなさそう物件
・心理的瑕疵のある物件

じつは僕は、あえて「指値」と言いません。「査定金額」と言います。これが「指値」と口に出せば、いかにも値切っている感が出てしまいます。

1棟目を購入する初心者であれば、純粋に「この金額だったら買いたいです」と提示しましょう。あくまでついている値段というのは、売主の希望価格です。買い側からすれば、「もっとまけて欲しい」と言うこともできます。

ただし、イタズラに「安くしてくれ！」とごねても安くなるものではありませんから、それなりに理由を見つけて交渉することが大事です。

その他、指値を成功させるコツとしては、買う際に「物件について一切後から文句を言いません」と念書を書くのも有効です。こういった念書は一般的ではありませんが、あえて僕は書いています。

権利関係が複雑な物件など、最初からトラブルが予想される物件については、仲介業者も二の足を踏みます。

中にはクレームをを避けたいあまり、宅建業者にしか売らないケースもあります。ですから「クレームは言いません」と明確に提示することで安心して売ってくれるのです。

大事なのはその業者に対して、「どのような儲け話ができるのか?」ということです。

それは金銭面だけでなく時間も同様です。

初心者の場合は、いくら安くてもほぼ全財産を使って物件を買うため、様々な不安が伴うと思います。

その気持ちはよくわかりますが、異常なほど細かくネチネチと確認をしてくるお客さんは、どれほど高額な物件であれ嫌われます。

しっかりチェックすることは大事ですが、業者さんに対して面倒な客にならないように心がけましょう。

僕の場合は、物件調査の段階でも、業者に手間をかけさせないよう「鍵を貸してくれたら自分だけで物件を見に行ってきますよ」と対応しています。繰り返しになりますが、業者にとって儲けの薄い物件ですから、そんなに手間をかけさせないように配慮します。

あとは、現地調査の段階でリフォーム業者を同行するのは控えたほうがいいと思います。リフォーム業者と連れ立って、ボロボロ物件を目にすれば、「あそこもここも直す必要がある」と、到底出せないような金額のリフォームを提案されてしまいます。

そこまで難しく考えることはありません。

木造の家なら大抵のことは直ります。１００万円を切っている物件でも比較的いい物件を選ばなければいけないのですが、そこそこに良かったら、もう買ってしまいましょう。そうやって退路を断つことが初めの一歩だと思います。

そもそも「何もできない」と諦めている時点で失格です。絶対に何かはできるのです。「匍匐《ほふく》前進で大阪から京都まで行け！」と命令されたら確かに辛《つら》いでしょうが絶対に行けます。バカバカしい例ですが、毎日たとえ5メートルでも進むではありませんか。

この１００万円の物件を買った時点で、その人の社畜脱出のための戦場になるのです。もうやるしかありません。

【コラム③】

物件探しの際、絶対にしてはいけないこと

物件を探す際、絶対にしてはいけないのは、著名な不動産投資コンサルタントや大家塾の主宰者である著名大家から物件を買うことです。

「何を学ぶのか」より「誰から学ぶのか」が大事ではありますが、学んでいる人から物件を買うとなれば、その人の言葉にバイアスがかかってしまいます。一番良くないのは信頼しきって思考停止になってしまうこと。

これはよくあるケースですが、不動産投資コンサルタントもしている著名大家の会で紹介された不動産業者から、ダメ物件を買ってしまう人も多いです。大家の会を主宰する著名大家のなかには、自分の物件を教え子に売っていることもあります。

完全に教え子が出口になっている悪質なケースをつい最近、知りました。過去に地方スルガスキームといって、利回り 8%で地方の巨大なゴミのような低利回り物件が売られていました。融資が付きにくくなって、大規模な地方物件を持て余している状況のなか、まとまった自己資金が出せる儲かっている自営業者や、今でも借りられる高属性の人たちが、数億もする巨大なゴミ物件の出口になっている現実があるのです。

もちろん、いわゆるスルガ物件であっても、その物件が良い物件であれば win-win になりますが、そうではありません。その著名大家は自分の利益しか考えていないのです。

他にも地雷物件を紹介して業化からバックマージンをもらっている人もいます。過去にさかのぼると訳も分からず多法人スキームで何十億もの物件を買ってしまった人、破綻したかぼちゃの馬車を買ってしまった人もいます。

不動産投資では数字にコミットすることが良しとされていますが、仲間を地獄に突き落とすことを躊躇（ちゅうちょ）しない人間がいることを肝に銘じてください。よく「悪徳業者に気を付けろ」と言いますが、本当に怖いのは「憧れのメンター」かもしれません。

第7章

ここが重要！
ターゲット選定と
リフォーム術

36 ターゲット選定、どのような入居者を想定するのか

物件を買ってから重要視するのは、まず安全の確保です。

ポイントとして、躯体の安全性は大工さんに見てもらいます。どこが壊れているのか、しっかりとチェックをしてもらいましょう。

また、電気・ガスもかならず専門のプロに確認してもらいます。ここは命に関わってくる部分なので適当に済ませられません。昔に建てられた物件は、火事になりやすい古いタイプの配線が使われている可能性があり、とても危険です。

プロパンガス会社の中には、給湯器の無料貸与から、エアコンなどの住宅設備をサービスしてくれることもあります。

東京をはじめ、都市部は都市ガスですが、首都圏でも千葉・埼玉・神奈川の郊外になるとプロパンガスが多くなります。それは大阪府でも同じです。

関西はあまりサービスしてくれませんが、関東はプロパンガス会社の競争が激しくサービスが良いそうです。さらに地方になるほどサービス合戦が旺盛になると聞きます。です

から競合をさせて、特典が交渉次第でつくか調べる価値は大いにあります。ただし、入居者が支払うガス料金が高くなってしまう場合もあります。単身向けはさほどでもありませんが、ファミリー向けになると差がついてきますので注意が必要です。

このようにして、建物の安全を確保した後は、どのような入居者がそこに入るのかを考えます。

そのために重要なのは、客付業者（不動産賃貸仲介業者）へのヒアリングです。まず、そこの地域で付けやすい客層を聞きます（この時は栄養ドリンクの差し入れを持っていくなど、配慮も忘れずに）。

目安としては、最寄り駅近辺で最低3社からは聞きます。

その際は自分の物件の地域を伝えて間取り図を持参します。それによって、この辺なら「家賃はあまり取れない」「若いコが多い」「家族が住む」などの確認をします。

1社目の人から聞いた内容を、次の2社目に行った時、わかった振りで自分の言葉にして話すのです。

そうすると「少しは知ってる人やな？」と思われるので、2社目ではもう少し込み入った情報が得られます。

そして3社目に足を運ぶ段階では、そのエリアに対してかなりの自信を持って会話ができるようになっているはずです。

同じ物件でも、その会社によっては悲観的に言う業者があれば、「客付は任せてください！」と強気の発言をする業者もいます。それくらい意見がバラバラになることもあります。

だからこそ、3社に足を運ぶのです。もしも3社とも見解が食い違うようでしたら、4社目に足を運んでください。そして、どんどん意見を聞いていったらいいと思います。

そして、「これだ！」というものを見つけたら入居ターゲットを絞ります。そのターゲットに合わせたリフォームを決めるのです。

ターゲット選定に力を入れる理由ですが、これをしっかり絞り込んでおかないと無駄な再生費用を使うからです。その地域と物件と、あとは自分の求めている数字を上げるためには、誰に貸すべきなのかがとても重要なポイントになります。

37 1棟目・2棟目はDIYで!

入居ターゲットが明確になってから、どのような物件にするのかを決めて、次に自分は何ができるのか考えます。

時間があればDIYをして、時間がなければ最低限のことをして部屋を貸し出すという流れです。

状況としては、お金がない中で部屋を人に貸せる段階にまで持って行かなくてはいけません。プロに発注するような予算はなく、大掛かりなリノベーションができないので、時間をかけてDIYでやります。

なかなか時間がとれない人は最低限でもかまいませんし、僕のように協力者を見つけて手伝ってもらってもかまわないでしょう。

そうとはいえ、何が最低限なのかは不確かですから、インターネットで最低の借家を見ておくことです。

家賃の安い、似たような物件を見つけたら、最低ラインが浮かび上がります。同じエリアで、同じような間取りや築年数で近いものを探してくわけです。

探した資料のプリントアウトを客付業者へ持参して、「この価格やったらお客さんつけやすいですか？」「なんぼ安くしたらいいですか？」と聞きます。

基本的にネットに出ているのは現在、募集をかけている物件です。

現状でお客さんが付いていないから、それが相場なのかはわかりません。大抵の場合は、それらの家賃よりも安く設定することになります。

そして、肝心なのは客付業者へ「この地域で運営している大家さんやったら、この物件をどんな風に料理しますか？」と確認することです。

ここで「〇〇すればいい」という具体的なことは書けません。地域ごとにニーズも変わりますし、また、うまくやっている大家さんのやり方も変わってくるためです。

できれば入居募集の資料を見せてもらいましょう。

それをそのままマネするのです。もちろん大家さんによって、最低の仕上げ、最高の仕上げでは変わってくると思います。その地域性もあるでしょう。

すべての大家さんがお金をかけてリノベーションしているわけでもありません。どんな地域であっても、お金をかけないで頑張っている大家さんは絶対にいます。

戸建てであれば、部屋の間取りによって行うＤＩＹの内容は変わります。

同じ2DKでも、「振り分け」なのか「続き間」なのか。団地のように振り分けタイプの部屋であれば家族向けです。子ども部屋などに使えます。

部屋を通らなければ、次の部屋に行けないような続き間であれば、事情は違ってきます。続き間の平屋など、多少オシャレにしたところで競争力は増しません。

その場合は、なるべく手をかけずに最低限のリフォームをして高齢者向けの物件とします。この辺はヒアリングでわかってくることです。

とにかく、周りの成功している大家さんが、どのような募集をしているのかを学んでマネをしましょう。

38 お金をかけず物件を「商品化」するテクニック

繰り返しになりますが、お金がなければ自分でやるしかありません。

物件を買ったら自己資金はほとんど残りませんから、リフォーム費用はほぼゼロで行うしかないのです。

僕の場合は父の助けを借りましたし、友だちを呼んで手伝ってもらったことがあります。

当時はミクシィで、「壁紙貼り、ペンキ塗りしたい人を募集！」と出せば、暇な人が来てくれました。

昨今は首都圏を中心にDIY会が流行っているそうです。

フェイスブックで「○月△日にDIY会をやります！」と募ればDIYに興味のある人、これから再生投資を行いたい人たちが集まります。

長時間の単純作業を一人でやっていると孤独になりますし、たとえ下手でも人手があるのは助かります。とにかくSNSでも何でも活用して人を募集し、みんなでやるのです。


材料は「ヤフオク！」などのオークションサイトや、ご近所情報が集まる「ジモティ」、フリマサイト「メルカリ」でも見つけることができます。僕の場合は、倒産した会社のペンキを「ヤフオク！」の管財品で探して買いました。

こうして、あらゆる手段を使って安いもの、無料で手に入るものを使います。そのため壁面によって色が変わったりします。

しかし、多少色がおかしくても、あるものでやりくりするしかないのです。メリットといえば、選択肢がないので悩みようがないことです。

とにかく、やるしかないのです。だって道は他にないのですから。

安さを突き詰めた結果、風変わりな家になりますが、それでもキレイに一生懸命つくったら、必ず誰かが住みます。

また、基本的にＤＩＹは塗ったり貼ったりが中心です。

設備については壊れて使えなかったら直すという考えでよいと思います。たとえば、和式便器はそのままです。古いタイプのお風呂はバランス釜、キッチンも瞬間湯沸かし器と、今時流行らない設備が付いていることもありますが、それはそのままです。

もしも風呂が無かったら、無いままでいくしかありません。

その辺はお金と数字で判断します。売却を考えると風呂なし物件では難しいので、できたら風呂を新設したいですが、まずは予算内でやるしかありません。

くわえて客付のための費用も必要です。広告費の相場は地域によって違いますが、相場で一番たくさん出します。

広告費用については、物件をリフォームするのにある程度時間がかかるので、その間にコツコツ貯金しておきます。

全体を通して言えるのは、「安く！」ということです。

出費を徹底的に抑えて、楽しんでやりましょう。

自分が苦痛になった時点でもう負けです。物件はそれしかないのだから全力で取り組むだけです。

家を直すのにかける期間の目安ですが、こればかりは物件やその人の力量によっても異なります。どれだけ時間がかかってもやるしかありません。

一般的な不動産投資の本には、よく「機会損失」について触れられています。購入してからリフォームしている期間、家賃が入ってこないので損をしているという考え方です。もちろん、期間は短いほどいいに決まっていますが、お金のない素人がＤＩＹするのですから、必然的に時間がかかってしまうわけです。

お金の無い人は「機会損失」なんて寝言を言っている立場ではありません。機会損失はお金がある人の言葉だと捉えましょう。

そもそも資産もない人間が、いったい何を「損する」というのでしょうか。とにかく「目の前にあるチャンスをつかみとれ！」ということです。

何のために時間をかけるかといえば「自分のため」です。今までの働きといえば、就職でもバイトでも、すべて経営者のビジネスのためではなかったでしょうか。

人からお給料を貰っているのと、自分しかいない時間の使い方とでは、同じ1時間でも1年でも異なります。だから大いに時間をかけてもいいのです。

ここで注意したいのは仕上げのレベル、クオリティに関してです。「もしも自分が住むなら」という考えは捨てること。極論からいえば、家として機能して、安全性が確保されていれば、住むことはできます。

あとは家賃次第です。本当に掘っ立て小屋でお風呂もトイレも無くても、雨風がしのげたら月数千円で誰かが使います。

まさか、そのようなことあり得ないだろう……という話ですが、極論でいえば、そこからのスタートです。

39

3棟目以降におすすめ、タイプ別リノベーション

ここで僕が手掛けるリノベーションについて紹介します。現在の僕はリノベーションを3タイプに分けて行っています。

1棟目、2棟目は資金もないこともあり、「最低限」しかできません。

しかし、自分で再生ができたら家賃収入が入ってきますから、それ以降はある程度資金が使えるリノベーションをすることも可能です。そうすると「ちょっとオシャレ」や「個

性派」もできるように余裕が生まれます。

基本的には、予算があるから行うものではなく、物件の状態や入居者ターゲットに合わせて行います。

①最低限

「最低限」では、「最低限、どこらへんまで直したら客付けができます?」と客付業者に聞きます。

そして、ホームセンターと100円ショップを駆使しましょう。

たとえば畳の表替えなら、大阪の相場は安くて畳1枚につき2800円~3000円です。1枚3000円として6畳間の部屋なら、3×6=1万8000円。これに消費税を加えたら2万円近くなります。

それをゴザにすれば7000円で済みます。もしくは平織りのカーペットを5000円程度で購入できます。薄っぺらなカーペットですが、新品で清潔であるということが大切です。

キッチンはそのまま使えるなら、新品に交換せず修理で済ませます。そしてクロスは自分で貼ります。木部が汚いならオイルステインで濃い色に塗ります。それが最低限のリフォームです。

①最低限

それ以外は一切変えません。和式トイレもそのままにしておきます。

客付は非常に難しい物件ですが、お金が無いのだから仕方ありません。部屋にお金をかける、手を入れるというよりは、営業でひたすら頑張るしかありません。すなわち客付業者がどれだけ得をするのか考えるのです。

②ちょっとオシャレ

「ちょっとオシャレ」は、間取りを変えるような大掛かりな工事はせず、普通の修繕の中でポイントクロスを使ったりするようなリフォームです。

平面部を塗ったり貼ったりして色彩で構成して、そこに出来合いの家具を付けます。もちろん家具はＩＫＥＡやニトリのような安物で大丈夫です。設備も壊れていなければ換えませんが、壊れていたり汚れていたりした場合は交換をします。

蛇口を換えるなら、定価９８００円のものより１万５０００円のちょっとオシャレな蛇口に交換します。

どのような部屋に向いているかといえば、一部屋の面積が狭いワンルームの部屋などは小奇麗にしやすいです。それを自分でやってもいいですし外注してもいいでしょう。

職人さんを手配するなら、ぜひ施主支給をしてください。施主支給とは、設備などを自分で購入して、職人さんに取り付けてもらうことです。

②ちょっとオシャレ

今は、様々な物がホームセンターやインターネット通販などで安く手に入れることができます。自分が選んだ照明や鏡、蛇口などを組み合わせて、見た目の雰囲気を良くしていきます。

③個性派

「個性派」のリノベーションを行う物件は、ボロボロで壊れている物件です。どうせ直すなら、その負の部分をどうやってカッコよく見せるのかがポイントになり、デザイナーの僕が得意とする物件再生法でもあります。

大阪でいうと梅田の近くの下町、中崎町にあるようなカフェをイメージします。これが鉄筋造やＲＣ造なら、「Ｒ不動産」（個性的なオシャレな物件を紹介するサイト）が参考になります。

まずは予算を決めたら、その中で一体何ができるのかを考えます。金額の決め方は、普通の修繕から、それほど増やしたくないので難しいところでもあります。

「続き間」など使いにくい間取りであれば、今の時代に則した間取りにして変えます。その時の手本としてリノベーション物件やＤＩＹの本を参考にします。

手本というと聞こえはいいですが、早い話が「アイデアを盗む」わけです。しかし、盗むにしても技術が問われます。できれば、「お金のかからない部分」を参考にしましょう。

③個性派

そもそもお金のかかる部分は真似しようがありません。
センスの磨き方については次項で詳しく説明します。

40 「入居が決まる部屋」をつくるためのセンスの磨き方

物件をオシャレに仕上げていくにおいて、玄人と素人の差は明確に出ます。それでは、どうすれば素人でもオシャレで魅力ある物件に仕上げられるのでしょうか。

それには先述したように、手本となるアイデアを盗むことです。そのためにもＤＩＹの本はたくさん買っておくべきです。

僕が始めた時代は、今のようにＤＩＹが流行っていなかったこともあり、オシャレな雑貨店やカフェがお手本になりました。現在ではＤＩＹに関する情報もたくさんありますから、本でも十分に参考になります。

また、参考になるおすすめアプリに「Pinterest（ピンタレスト）」があります。「Pinteres」はネット上のウェブサイト、あるいはPinterest上にある画像を自分のボードに集めることができる画像収集サービスです。

たとえば、キッチンのリノベーションをするのであれば、「キッチン＋リフォーム＋デザイン」で検索すると、たくさんの画像がでてきます。

これを見ると「ナチュラル」であったり、「スタイリッシュ」であったり、いろんなタイプのキッチンがあります。ここで注意するのはお金のかかるキッチンなどを参考にしないことです。

ボロ物件には古い団地のキッチンをオシャレにリノベーションにしたようなものが参考になります。

「古い」というのは大事なポイントで、古い物件に新しいものはなじみません。くれぐれも新築の物件は参考にせず、なるべく同年代の古い物件で画像を探してください。

実際に購入する際には、とりわけメーカーの指定はありませんが、基本的に国産の既製品を入れる方がトラブルは少ないです。

また、真似していけないのは、完全なオリジナルキッチンです。すべて大工さんが作ったようなキッチンや輸入のキッチンは高価ですし、外国製は規格が合わなかったり、アフターフォローがなかったりするので避けます。

具体的にいえば、できるだけ安い公団用のキッチンを使います。もしくはシンプルな業務用キッチンでもいいでしょう。僕がよく使うのはステンレス製の業務用キッチンです。これはシステムキッチンと比べて破格に安いです。

41 ちょっとオシャレ・個性派リノベのヒント

コンセプトをすべて自分で考えようとすると「素人くささ」が出てしまいますが、見本をそのままマネをするのであれば、そこそこのオシャレさが再現できます。

基本的には古い物件で、限られた予算で行うのですから、物件がもともと持っているものから遠いところにはいけません。

たとえば、築古物件をオバちゃんとします。

水商売でもオバちゃんだったら、若手のキャバクラより熟女キャバクラでしょう。ちょっと肥えている人ならぽっちゃり専門で、痩せているならガリガリ専門でしょう。オバちゃんだから……と諦めずに自分に適したマーケットで戦う判断が必要です。

あるものをどう生かすのか、あえて古いものを隠さず、いかにカッコよく見せるかが大切です。参考までに築古物件におけるリノベーションのヒントを紹介しておきましょう。

これらのキーワードで検索すると参考になりそうな画像はたくさんあります。

◆築古物件に向いたリノベーション

・インダストリアルデザイン……工業デザインのことで、美的要素と機能とを調和させた、大量生産による工業製品のデザインを指します。

・エイジング塗装……エイジングは、一般には「時を経る」という意味で、新しいものでも、わざと古びて味わいのある塗装をエイジング塗装といいます。

・シャビーシック……最近流行のインテリアスタイルで、使い古された中にも品や味わい、優雅さがあるという意味を持ちます。傷やペンキの剥がれなどで使いこまれて、味が出た感じのアンティークなインテリアです。

・昭和レトロ……昭和の時代に対するノスタルジーや憧れの総称だそうです。昭和を知らない若い世代にとって、昭和時代に一般的だったものが新鮮に映るようです。そんな昭和レトロをインテリアやリノベに取り入れるのが流行っています。

その他、安くて人気のあるアイテムとして「有孔《ゆうこう》ボード」「黒板塗装」があります。黒板塗装にいたっては100円ショップでも材料が揃います。こういった些細なアイテムをちょっと足していくのです。

部屋全体を「個性派リノベ」で仕上げるのであれば、トータルでバランスがとれるようセンスや熟練度が問われますが、「ちょっとオシャレ」に仕上げるレベルであれば部屋の一部分、ポイントでも十分です。とにかく写真映えが良ければお客さんは来ます。

僕は古いテラスハウスのキッチンに、ワイングラス専用の棚をつけて飾ります。雰囲気のよい照明も同じです。

若者向けの雑誌にもよく「モテ部屋特集」などが組まれています。そういったものでも十分参考になります。プロの目で見ると、ちょっと不自然だったりしますが、それはセレブでもないのに、あえて高級感を演出しているからです。

これらはすべて大家が仕掛けたギミック、仕掛けであり、それにより入居者を勘違いさせているのです。このようにしてターゲットである入居者に届けばいいのです。

42 リフォームコストを下げるコツ

物件を再生するための予算立ては、安ければ安いほどいいですが、住まいとして安全性の部分は必ずプロに直してもらうため、それ以外でコストダウンをさせるしかありません。

予算の目安ですが、僕自身もリフォームにかける妥当な費用を、未だに悩ましく思っています。中には「家賃の○カ月分」という基準を設けている大家さんもいます。そのように考えると、家賃の2年分で直すのが理想です。

物件には転換期というものがあり、壊れたところを直す修繕で済めばいいのですが、「そろそろこの間取りやったら客が付かへんな」となれば、お金をかけて大掛かりなリフォームをします。

また、初期のお金がない頃と、後に余裕ができた頃のやり方では、お金のかけ方も異なってきます。

なにより、建物の傷み具合にもよります。それほど痛んでいないなら、転換期とは思いません。とりあえず先延ばしにするのですが、あまりにも酷く痛んでいたら、それは転換期だと判断せざるを得ません。

もっとも安くする方法はコツコツとＤＩＹに励むことですが、２番目に有効なのは職人さんへの直発注です。

最低でも1週間に1回は指示をするため現場に入ります。そこで必要のない作業をカットするだけで、かかる費用に差がつきます。

ポイントは職人さんの作業を見て、よく話して勉強することです。

本を一冊読んだところで学べると安心していたら大間違いです。それには実地体験が必要です。そのためにも1棟目・2棟目に自分でＤＩＹや現場を体験することがキーになってきます。

現場に足を運んで確認をするのは人工《にんく》数です。

工事の値段は材料費と人工（人件費）で決まります。そして、工事を監督する工務店が入りますが、このコストがおよそ2割くらいです。

そこで「この工事は人工が何人で、どれくらいの時間がかかっているのか」を確認します。熟練した大家さんになると、自分が現場監督をして工事を采配するような人もいますが、サラリーマン大家でそれをするのは難しいので、現場へ出て進行を見極めるのです。

難しい話はできなくても、休憩時間にお菓子や缶コーヒーを持って行き、「ごくろうさんです。今日は何をしているのですか。あと何日くらいかかりそうですか？」と世間話をするだけでもいいと思います。

このオーナーは不意にやってくるのだなと印象付けるだけで、業者の対応も変わります。そうして、見積もりの内容と実際の工事を観察していくことで、こちらが日当をどれだけ支払って、実際の原価がいくらかかっているのかを理解できるようになります。

たとえばキッチンを交換する際の解体撤去費用など1時間もかからない作業です。バールで瞬時に壊すような作業でも、8000円という費用を取ります。

作業を見守っていたら、「おっ、8000円の仕事が瞬間で終わった！　これなら自分でもできるぞ」と思うわけです。

そこで、「これはシルバー人材センター（行政が行う高齢者の人材派遣）から雇った人にやって貰うから大丈夫です」と断ります。

その際には、見積書にしっかり赤字でカットするように記入して提出することで、相手に認識させます。それをしないで、現場で口を出せば「言った、言わない」といったトラブルに発展しがちです。

このようにして、ずっと1日中張り付いているわけにもいきませんが、定期的に現場に入ることで、作業の進行を確認しつつ、コストダウンもできます。

僕の場合、それなりに場数を踏んでいますから、リフォーム業者とはツーカーの仲です。話がこじれて現場の空気が悪くなれば、「今回はオレが泣いとくわ。そやけど次からはスムーズにやろな！」と折れます。

それは僕にも現場で細やかな確認を怠った非があるからです。とにかく職人さんとはしっかり話すのが大事です。

かつて、デザイナー時代に仕事をしていたコピーライターに対しても、素人なりに見た時、何となく違和感がありました。

カレーの具が〝ゴロゴロ〟ではなくて〝ゴツゴツ〟のほうが相応《ふさわ》しいと指摘します。「いや、やっぱりジャガイモは〝ゴロゴロ〟とちゃいます？」と、そのような話をしていました。そうやって意見を伝えてすり合わせていきます。

こういったやり取りはどのような職種でも、お互いにある程度のキャリアを積み、信頼関係も築けていれば効率よく仕事ができるものなのです。

最初は難しくても、場数を踏めば踏むほどに効率がアップしていきますし、それと互いに妥協すべきポイントが把握できます。

ここで僕が普段行っている工事費用の一覧を紹介します。

これは相場ではなくて、僕がやっている値段です。関西は全国的に見てもリフォーム費用が安いといわれていますし、僕と業者の信頼関係もあるので、まったく同じ値段で発注するのは難しいと思います。

クロス（壁紙）の施工などは、基本的に1000番台（デザイン性の高いクロス）ではなく、普通のクロス（量産タイプのクロス）なら600円台の前半で、安いところなら500円

工事費用の目安（50㎡程度の広さ）

和式トイレ→洋式トイレ	10万円～15万円
ユニットバス新設	25万円～35万円
キッチン交換	3.5万円～
電気工事	5万円～15万円
ガス工事	5万円～15万円
クロスの平米数	のべ床×3.5～4程度

台です。値段はエリアによって変わります。

また、安い単価の業者の場合、施工面積が増やされているケースもあります。その場合は違うクロス屋さんに見積もりを頼みます。

実際に出た見積もりが、この値段より高くても、なるべく近づけることを目標にしてください。

最安値といえば、かつて不動産投資のチーム全員で相見積もりをとって情報を集めました。

そうすることにより、ベストの条件を集められるのです。

もちろん頼む人によって値段は変わるものです。たとえば、1部屋だけ発注するのか、10部屋発注するのか、100部屋発注するのかによって値段は変わります。

チームになれば複数の大家さんからの発注となりますから、スケールメリットも得られて一石二鳥です。このチーム戦のやり方については終章でお伝えします。

43
「住居として貸す」以外の選択肢

ここまでリフォームやリノベーションについて散々語ってきましたが、激安で買ってはみたものの、朽ち果て過ぎていて予算内で修繕しきれない物件もあります。その場合は、「住居として貸す」以外の選択肢を知っておきましょう。

まず、何もせず誰かに転貸ＯＫで貸すことです。するとと借りた人が直して再生できますし、倉庫としてなら水回りが壊れたままでも使うことは可能です。その他、法人登記に使いたい人もいるかもしれません。とにかく物件を購入した際には、まず「何をしたらその物件に適した選択肢かと考える」ことが大事です。つまり、儲けが出るなら住居以外の選択肢もあるのです。

また、共担《きょうたん》に使うこともできます。共担とは共同担保の略で、同一債権の担保として複数の不動産に設定されている担保物件を指します。簡単にいうと、金融機関に借金のカタとして、購入物件と共に差し出すということです。

共担は入居がついていなくてもよく、評価については金融機関によって変わりますが、

80万円で買った物件でも、評価が200万円になったりします。

そのため、銀行評価についてはその都度に聞くべきです。それぞれの金融機関で異なりますし、一概にはわからないものですが、買い進め時に役に立ちます。

加入する火災保険も再調達価格になるので、30万円で買っても700万円になります（延床35平米くらいの場合）。こうして、次のアパートを視野に入れた使い方をすることもできます。


たとえば、これは僕が買った中で、もっともボロい物件の事例です。

30万円で買ってリフォームをするつもりでしたが止めました。

その理由はこの物件より他の物件のリフォームを優先させたかったからです。それで次のアパートを買う時の共担用の物件にしました。面白いことに30万円の物件であっても、250万円の評価が出ています。

そしてこの物件をどうしたのかといえば、京都で廃墟不動産投資家として活躍されている村上祐章さんへ、毎月8000円で貸しました。

8000円といえば、僕の子どもが通っているスイミングクラブの月謝と同額です。すると村上さんは自分でシェアハウスに再生して貸しており儲かっているようです。

こういった再生するのが難しい、もしくはどうしても予算オーバーになってしまいそうな物件、結果的にうまくリフォームができなかったり、思うように貸せなくても、後に生きてきますから、「絶望してやる気をなくさないこと！」とお伝えしたいです。

ともあれ1棟目が、本当にその人の戦場になるのです。ですから絶対に負けられません。

44 とても使える火災保険

大前提として火災保険は、火災のためだけにあるのではなく、災害や盗難など、幅広くカバーしています。

地震にくわえてゲリラ豪雨や台風、竜巻など昨今は異常気象が多発しています。自然災害により物件がダメージを受ける可能性が多い中、カバーしてくれるのが火災保険です。

もう一つ大前提にあるのは、物件が古くなって壊れる——いわゆる経年劣化に対して保険は出ません。ただし、古い物件が自然災害で被害を受けたら保険は出ます。

古い物件やボロい物件、特に木造は地震にも雨にも弱くて華奢です。それが火災保険でプラスに転じます。RC造マンションは風でもびくともしないので、木造建築の弱点だとされている点が逆に強みとなってくるのです。

大きな台風や豪雨、強風が吹いて被害を受けたときは、できるだけ早急に保険請求をするのがいいでしょう。

勉強会や大家さん同志の話で、火災保険の代理店の情報が流れてきますが、代理店にまかせるのもおすすめしません。そうではなく自分で動くべきです。

管理会社に任せるのではなく、自分自身もしくは使っている業者さんにお願いして、被害にあったと思われるところは全て写真に撮って保険申請します。そして、あとは調査員の方に任せます。

繰り返しになりますが、保険はあくまで災害などの事故による被害に対して支払われるものです。

ただ単にボロくて古くなった分にはお金は払われないのですが、その判断はプロの調査員がしてくれます。それを勝手に自分で判断して諦めたり、誰かに投げたりせずにきっちり自分で動けばいいのです。

【コラム④】

味のある大家さん業を垣間見てみよう

「不動産投資家」と聞けば何だかシュッとしてカッコよく感じますが、平たく言えば大家さんです。ご近所のおじいちゃん・おばあちゃんがアパートの前をほうきで掃いているようなイメージがありますが、そのイメージはかなり正しいです。

収益不動産を単なる儲けのためのツールとして考えて、管理会社にすべて丸投げできるかというと、そうでもありません。いくら計算して買ったとしても、想定外の出来事がバンバン起きて、その数字通りにならないことはザラです。やはり住んでいるのは「人」ですから、いろいろゴチャゴチャしたトラブルもあるし、ちょっといい話もあるんです。

そうやって規定からはみ出したこと。困ってしまう話もありますが、人間味のあるおもしろい話が意外に多いのです。世の中には物件情報やらノウハウやら、不動産投資の情報はそれこそ山ほどありますが、そこの部分を着目したメディアというのは、あまり聞きません。そこで僕が編集長となって、不動産投資のおもろい話、儲からなかった話、騙された話、エモい話、エロい話などいろいろ集めてみました。

それが『おふかな!?』(https://ofukana.jp/)です。このサイト名は「おまえらは　ふどうさんとうしで　かねもちになったら　なにがしたい？」の略で、僕が名付けました。「お金とは何か？」という一見ゲスにも思えるド直球テーマを、人生哲学レベルで追求することを最終目的としています。

まず「不動産投資をやってみよう！」と思い立ったら、とにかくみんな勉強したり、物件情報を見ますよね。それは間違いないですが、きれいごとばかりで済まされないのが大家の世界。大家さんという存在は「全員が金持ちだ」と漠然と思い込んでいる人も多いと思いますが、大家からの目線になってくるので現実味を帯びます。

少しでも「大家業」に興味を持ったら、ぜひ見てください。息抜きを兼ねてチェックしてもらえたら、大家業がいったいどういうものなのか垣間見れると思います。最近は僕みたいな活字嫌いな人向けに漫画動画も充実しています！

第8章

物件力を高める客付から利益確定・売却まで

45 1号物件は自主管理で！

第8章は客付から売却までを解説します。

客付とは、入居募集のことです。管理会社にお願いして任せれば、自分はラクができますが、僕としては、1棟目は自主管理をおすすめします。これはコストを節約して、お金を得るための自主管理ではなく、賃貸経営の勉強をするためです。

ここでお願いするのは、客付業者（不動産賃貸仲介業者）です。

購入時で既にヒアリング済みですから、そのヒアリングをした客付業者に募集を頼めばいいでしょう。リフォームをしている段階で、挨拶がてら募集条件を相談しておきます。

自主管理の場合、本業の仕事をしていたら電話に出られないタイミングもありますが、後から着信番号にかけ直せばいいので、そう難しく考えなくても大丈夫です。

実際に物件を運営してみてわかったことですが、水漏れなどの緊急電話がかかってくることなど滅多にありません。

万が一そのような連絡だとしても、自分が駆けつけたところで直せるわけもないので、電話で手配できるようにしておくのが大切です。あえて1戸目は苦しい思いをして、購入

〜修繕〜客付〜自主管理のすべてを行います。

ただし、客付のルールには地域性があるものです。

広告費の相場や客付会社の裁量権など、その地域に合せる方が良いでしょう。この辺りは、同じ地域で物件を所有する先輩大家さんに聞くなり、客付会社へのヒアリングで把握できると思います。

そうやって、とにかく最初は自分で一生懸命に管理をしてみましょう。そのうち物件が増えて慣れてきたら、管理会社へ外注に出すことができます。

どの時点で慣れたのか判断するのは、物件や資産の規模でも経過時間でもなく、自分自身が「わかった！」と思えたら慣れた証拠です。

つけ加えますと、戸建てについては棟数が増えても自主管理ができます。リフォーム済の戸建ては手間がかからず、毎月通帳をチェックする程度です。

46 とにかく「入居」させるべし！

廃屋物件は空室であるのが前提ですから、とにかく入居を付けなくてはいけません。

募集条件を決める前に、まず客付業者を選ぶことが先決です。

業者を何社か回る中で、自分と同じような物件を、上手に管理している不動産業者を選びます。リフォーム時で手本にした物件がそれに該当します。

業者に「その人の部屋が埋まったら、次は僕の物件にも入れてください！」とお願いするのです。

その際の条件は埋まっている物件の真似をします。今は敷金・礼金がゼロ、フリーレントOKやペット可物件など様々な条件がありますので柔軟に対応しましょう。

ただし、すべてに関してリスクヘッジは施しておきます。フリーレントや、敷礼をゼロにするなら、1年未満の退去は違約金2カ月にするのです。なぜなら、お金のない人に限って、その場しのぎで物事を考える傾向にあるからです。

これは携帯電話の契約と同じです。大家さんからしてみれば、初期費用を入居者の代わりに支払っているにもかかわらず、短期間で退去されたら困ります。ですから、早期退去に対する違約金を設定します。

ペット可の物件についても、消耗・破損・汚損、これらすべてに実費修繕を特約でしっかりと入れておきます。

僕の場合は、ペット1匹で1000円にして、2匹目以降からは1匹につき2000円という規約にしています。そうでもしなければ、たちまち10匹も飼いだす人がいるのです。

こうなると部屋の中が引っかき傷だらけになります。

外国人の入居については、家賃保証会社が付くのであれば気にしません。すべて業者に任せます。

このように、誰でもいい代わりに家賃保証会社は必ず付けます。

家賃保証会社の中には、ほとんどの入居希望者にＯＫを出してしまう審査基準の緩い会社もあります。そのため、保障内容はキチンと確認しておいてください。

47 管理会社も客付力で選ぶ

所有物件が少なければ十分に自主管理ができると思いますが、３棟目、４棟目と徐々に規模が大きくなってきたところで、管理会社にお任せするというスタンスです。

そうなった際に、どのような管理会社を選べばいいのかといえば、やはり客付が命です。管理会社に依頼をする際は、そこを最重要視してください。

あらかじめ、購入時にその地域で客付の強い管理会社をヒアリングしておきます。

空室が多い物件であれば、まず一般で入居募集を依頼して、最も入居者を付けてくれた不動産業者に管理の相談をします。

円滑に管理するコツですが、ある程度の裁量権を与える必要があります。

基本的には管理会社へ修繕の手配を丸投げしないのが前提です。しかし、3万円以下で処理ができることは管理会社の判断で解決してもらいます。それ以上の価格になりそうなら、一旦こちらに振ってもらいます。緊急時の場合はその時々で話して決めます。

退去立ち合い時は部屋の写真を送って貰い、その内容によっては自分で手配をするのか、管理会社の手配にするか決めます。

自分で工事手配をする場合ですが、遠方の場合は地場の業者を自分で選びます。

リフォーム業者の選び方は、数社から相見積もりをとり、納得できた業者を管理会社へ伝えます。値段を把握した上で、それほど高くなければ管理会社へ任せてもいいでしょう。

値段は1棟目、2棟目での体験で把握できています。その経験を積んでこその集合住宅ですから、当初は自分で管理をするのがとても大切なのです。自分でやることで経験値は上がり、見積もりの見方やお金のかけ方が理解できるようになります。

48 順調に運営するための心構え

お金を儲けるのは大きな目的ではありますが、良き大家さんであるべき条件として、「入居者に快適な住まいを提供すること」です。

最初のステージでは「先輩大家・投資家さんに対して、もらうだけでなく、与える人になれ」と述べましたが、いざ自分が大家さんになったら、入居者から少々の面倒なことを言われても、彼らの望みを可能な限り応えてあげましょう。

とはいえ、大家から先回りする必要はなく、クレームが来てからの対応でも充分です。

中には自分が大家さんになったというので、偉くなったと勘違いする人もいるようです。下から這い上がってきた人間が、急に偉くなれるわけありません。

僕がサポートした経験でいうと、大家さんになって気が大きくなり、入居者さんに対してろくに対応もしない人が今までにいました。

それは間違っています。最初のうちはある程度の話なら聞いてあげましょう。どれを聞くべきなのか、どれが聞く必要はないのか経験を積まなければわかりません。

厳しくいえば、物件を数棟持っている程度で、そのような振る舞いをして入居者に退去でもされたら困るのは自分です。

自分の道理が言える立場の相手なのか、それとも言えない相手なのかは、少しバランスを見てからでないといけません。なにせ、まだまだ弱小大家なのですから。

たしかに入居者の中にも、図々しい言い分をしてくる人はいます。それを鵜呑みにしていたらよくありません。そのさじ加減がわからなければ、とりあえず「ＮＯ！」とは言わず、あまりお金のかからないところから、やるだけやってみます。

たくさんお金がかかるようなことを言われた場合は、大家さん仲間や不動産業者さんに相談してみましょう。

49 売るタイミングと価格の見極め方

売却については、入居者が付いたら検討します。入居者が決まった瞬間から、物件は「投資商品」になるという認識です。

言い換えれば、大家さんでありながら、投資商品を作っているのです。

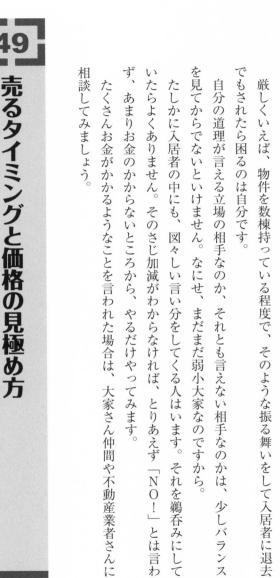

とはいえ「すぐに売れ！」というわけではなく、「これくらいで売れたらいいな」という理想の金額をつけておきます。

まずは自分の物件と同レベルの物件がいくらで売られているのか、不動産投資のポータルサイトで調べて値付けのヒントにします。

タイミングを見て売却を織り交ぜながら、キャッシュを厚くしていくことは大切ですが、物件を保有していればお金が入り続けるのですから、必ず利益を得られなければ売る意味もありません。そこは肝に銘じておきます。

だからこそ、理想的な金額で売りに出すのが大切なのです。目安として、僕は仕上げた物件の1・5倍〜3倍にしています。

所有していても儲かる物件ですが、数年間分の家賃を先取りできるならいいことです。手元に現金が増えて、次の物件にも進めます。焦って売る必要はありませんが、入居者が決まったタイミングで売却を検討しましょう。

とにかく高利回り物件を作れたら後々で何かと役に立ちます。経営ノウハウもできますし、売却する際も金額幅がつけられます。

購入費用とリフォーム費用210万円で仕上げた物件が、利回り30%で家賃5万2500円を稼ぐと想定します。これを利回り15%で売ったとすれば420万円です。つまり210万円の物件が2倍の価格で売れるのです。

これは大げさな話でもありません。実際に僕や、僕の仲間が行ってきたことです。

ここで、僕の会社の元事務員の事例を紹介しましょう。

彼女は大阪市内で再建築不可の狭小平屋を100万円で購入しました。リフォームは水回りを中心に130万円ほどかけて、230万円+諸費用10万円の計240万円で仕上げました。

家賃は4万2000円、利回りは20%弱で2年間所有した後に、320万円で売り出そうとしたところ、450万円で買いたいという申し出がありました。

なんと、周辺地域を地上げしたいという業者が現れたのです。滅多にあることではないのですが、再建築不可物件も捨てたものではありません。

50

売り方は「売るプロ」に任せる

売り出し方は、不動産業者へ資料を渡して「売ってくれませんか」とお願いするだけです。とりわけ業者を選ぶ必要もありません。

知り合いの業者でもいいですし、もしくは売ってくれた業者へ話をもっていくのでもいいでしょう。1度でも取引実績があれば信頼を築いている証になります。

僕の場合は、いい話を持ってきてくれた業者に対して、1カ月はその業者だけに出して、それで売れなければ方々の業者に声をかけます。

その際には、専任媒介・専属専任媒介にはせず、一般媒介にします。

それというのも、不動産の売買・仲介の仕組みとして、一般・専任・専属専任の3種類あるのですが、専任や専属専任では、法律で決められた期間内に「レインズ」(不動産業者間の情報ネットワーク)へ掲載が義務付けられています。

これが一般媒介契約であれば、その縛りがなくなるので、自分の顧客にだけ情報を出せます。

一社目の業者が情報をクローズするのか、レインズで拡散するのか、売り方にもいろいろありますが、それはプロにお任せします。なにしろ彼らは売るプロ、そして買わせるプロなのですから。こちらからすれば「どこでも売れたらいい」という話ですし、その業者に対して「特別扱いをしていますよ」と伝えたいのです。

このやり方のデメリットとしては、情報の抱え込みになってしまうため広く周知ができないことです。そのため2週間なり1カ月と期間を決めておきます。

第9章

《事例》
短期で社畜から
脱出を目指す４人の実例

事例 1

1軒目の戸建てで利回り27%と達成した20代女子

震肌瑠璃華さん(仮名)

第9章では、実際に社畜脱出のために不動産投資をがんばっている僕の仲間を紹介したいと思います。

僕の投資手法について「小嶌さんだからできたんでしょ」と言う人はいますが、そんなことはありません。ここで紹介するのは僕の主宰する大家コミュニティ「ビンテージクラブ」のメンバーで、まったく未経験者からいわゆる失敗投資をしてしまった残念な投資家もいます(ものすごく有能な人もいます)。

今回はあえて有能タイプではなく弱そうなタイプな人たちを選びました。ただの武勇伝ではなく、やる気と行動力と仲間がいれば、不器用であっても多少のまわり道をしても、なんとかなるという話です。ぜひ参考にしてください!

まず1人目は20代女子の震肌瑠璃華さん。神奈川県在住のシステムエンジニアです。

「不動産投資を知ったのは2018年、たまたま経験者の話を聞いたのがきっかけでした。毎日の仕事が楽しくなくて同期は定時で帰っているのに、私は毎月残業があって早くここから抜け出したいと思って行動しはじめました」

不動産投資の勉強をはじめたのは2018年5月からで、2019年にビンテージクラブに参加。それまでにDVD学習をしたりセミナーにも参加したり、約50冊の本を読んだそうです。努力家で勉強会や見学会には参加しているものの、なかなか物件を買うことができませんでした。少しコミュ障な彼女はいつも苦い顔をしながらおじさん達からのお節介なアドバイスに耐えてきました。そんな震肌さんから結果報告があったのは1年以上たった2020年2月のことでした。購入した物件はこちら！

■エリア：神奈川県　構造：木造3SLDK（85平米）×1戸 築年数：28年
購入年：2020年　購入価格：200万円 リフォーム費用：73万円 利回り：27％

人気の神奈川でも郊外ということで値段も安く買えています。

「アットホーム掲載の他の物件を内見した際に、当日ついでに紹介していただいた物件です。今まで見てきた物件と比較してキレイなのに安めでした。またヒアリングをして家賃がそこそこ取れて利回り20％を超えそうだったため、これまでの貯金をはたいて購入をしました」

その後、3カ月くらいかけてリフォームして、さらに3～4カ月かけて客付けをしたそうです。

「自主管理のためマイソクを自分で作成し、地元の仲介店20件程度電話とメールで依頼をし、数社に募集をしていただけました。仲介会社さんが熱心に内見案内をしてくださいました。ただ家の前の道がS字カーブになっていること、家が地面から3段下に下がっていることで、車が入れにくく、それが理由で断れたこともあります。道路付けは大切なんだと実感しました」

このように客付けの努力を重ねて8月には無事入居が決まりました。

「リフォームもいろいろ工夫しました。見積りは複数の業者さんに依頼し、勉強のために自分でも極力見積り時に立会いをしました。コストカットのためにしたのは、2階のクロスはそのままにして貸し出したこと。また、プロパンガス屋さんに施主支給で別途工事してもらえないか依頼。洗濯機置き場の室内設置、トイレのフロートバブル交換、水栓交換など5万円程度でしてもらえました。逆に予算オーバーになったものもあります。客付完了前に畳の表替えをしたため、畳にカビが生えて再度8畳の表替えと防かび代がかかってしまいました。あとテレビアンテナが生活必需品だと理解してなくアンテナ設置費用が4.5万円が発生しました」

僕の1戸目はお金がなかったのでDIYをしましたが、彼女のようにリフォーム業者を吟味したり、プロパン業者の協力を得て施主支給するのもアリだと思っています。こうして、いつもおとなしい彼女が、知らないうちに経験を積んで立派な大家さんになっていました。報告のための長文の感謝のメッセージを見たとき、僕はちょっと涙ぐみました！

「はじめて家賃が入金されたときは、『あー大家さんになれたんだな～。やったー、わーい(*´▽｀*)』という気分でした。とにかく給与収入以外の取得ができて感動しましたし、なによりも自信がつきました。不動産投資に興味を持ったら、とりあえず不動産投資をしてみて、最初だけ頑張ればあとはあまり頑張らずに、収入が得られる仕組みを体験してみることがいいと思います。自分のキャパを超えない範囲で小さく始めてみるのがおすすめです！」

ちなみに、今後の目標は以下。

・30歳までに税抜き後毎月ＣＦ20万円
・35歳までに税抜き後毎月ＣＦ50万円
・40歳までに税引き後毎月ＣＦ１００万円

まだまだ20代、早いスタートであればあるほど、目標は現実的ですね。

事例2

ゼロからはじめて8棟21室！低属性コンビニ店長

フランチャイズ前貼くん

続いても、まったくのゼロからはじめた男です。フランチャイズ前貼くんは34歳の元コンビニ店長。兵庫県にて彼女と同棲中です。不動産をはじめたきっかけは、本書の初版を、書店で何気なく手に取ってくれたこと。

「大学卒業後、一度は会社員として働きましたが、自営業に憧れがあり兄のコンビニ起業をきっかけに26歳から店長として店舗勤務しました。店長とはいえ年収300万台前半、仕事がきつく将来に不安を覚えていました。何か別のことを始めなければいけないと思いつつも何をやって良いかわからない……そんなタイミングに本書に出会いました。

まず、小嶌さんの社畜時代の苦しみが自分と同等かそれ以上であることに強い共感を持ちました。そして築古再生の不動産投資を進めながら、その境遇を脱していく過程が非常に具体的でわかりやすく、再現性の高いものに感じられました。また、自分が店舗型の事業をやっていた経験から、時間・場所の制約を受ける仕事に嫌気がさしていましたが、不動産賃貸業の入居者がついたあとは基本的に手がかからずに継続的収入が入る仕組みに魅力を持ちました。この本は間違いなく僕の人生を変えてくれた運命の1冊です」

と前貼くん。自営業者でありながら社畜に近い生活をしており、僕の本で学んで２０１７年に不動産投資をスタート。ちなみにビンテージクラブの１期である２０１８年には参加せず、独学で２棟２室を購入したそうです。２０１９年からメンバーとなり、テラスと戸建てが中心ですが、８棟21室（うち３棟売却済）まで買い進めました。

僕もやっているキャッシュマシーン系のシェアハウスが２棟あり、自己資金１５０万円だったのが８００万円となり、昨年には念願のアパート購入もできています。ちなみに満室時の月額家賃収入56万円でＣＦ44万円。現状は現状家賃収入40万円でＣＦ28万円、この繁忙期で満室を目指しています（融資はリフォーム費用を中心に２４００万円）。

いや、お見事というしかありません！　ちなみに彼は２０２０年にコンビニ店長を辞めて、大家をしながら不用品回収やエアコン取付の仕事をしています。見事に社畜を脱出した、まさに底辺の出世頭といえる存在です。

思い出深い物件のエピソードを聞いてみると……。

「１棟目の転貸シェアハウスは管理会社に秘密で行っていたところ、入居者のインド人が１日５回コーランを流してお祈りしていたため、近隣住民がクレームが出てい管理会社にバレて撤退しました。以来、きちんと許可を得るべきだと学びました。あと昨年、兵庫県に住みながら三重県のアパートを購入、遠隔ながらも分離発注とＤＩＹでなるべく安く仕上げようとしたところ、思った以上に手間と時間がかかり、非常に苦労しています（現在進行形）。業者への発注の仕方や見積りの見方の勉強にはなったし、大家力は上がったと思いますが、今後は極力発注メインでいこうと決めました」

ただ安くするためのリフォームから、自分の手を極力使わない方向にシフトチェンジしていますね。ちなみに不動産投資をやっていて良かったことは何でしょうか。

「この事業で『生活していける、お金に困らなくなる』という確信を持てました。また不動産投資の上級者たちは人間的に魅力的で面白い人たちが多く、そういう人たちと友達になれました。不動産投資をやっていることに興味を持ってもらえ、不動産投資家たち以外でも人間関係が広がったことも良かったです」

とのこと。最後に初心者へのメッセージをいただきました。

「苦境から這い上がった実績を持った人の話を聞くと勇気が湧くし、自信を持てるようになります。僕も小嶌さんの自分よりもきつい状況を知って、自分にもできるはずだと思えました。そしてコンビニ店長という低属性、激務、不動産関連の経験・知識一切なしから、ここまで辿り着いています。道半ばですしまだ成功者とは言えませんが、明るい未来が自分では見えています。読者の方々で僕よりも良い条件の人たちは多いと思います。ぜひ、僕を見て自信を持って、この世界に一歩踏み込んでいただきたいなと思います。誰か一人でも勇気づけられたら嬉しいです。いつかお会いできる日を楽しみにしています！」

事例3 スルガ失敗物件からの神奈川県でドミナント高利回り投資をする男

酒鬼腹さん（仮名）

酒鬼腹さんは36歳、神奈川県在住のサラリーマンで、奥さんと子ども2人の4人家族です。ビンテージクラブ歴は3年目、築古再生スキルを向上させるために参加してくれました。

僕とはちがって大企業にお勤めで、ちゃんと融資も受けられる属性です。

「有名な『金持ち父さん貧乏父さん』（ロバート・キヨサキ著／筑摩書房）を読んで不動産投資を知りました。会社員の社畜状態をいつでも辞められるようになりたくて、不動産投資を志したのですが、2年くらい物件が購入できず、その状況を打開すべく有料コンサルタントを利用した結果、失敗物件を購入してしまいました。自分で収支の試算をしたところ、運営が困難だと判断し購入を見送ろうとしたのですが、コンサルタントより購入すべきと強く勧められました。当時は自分自身に自信がなくコンサルを信じてしまったのです。購入後もずっと不安が消えることはなく、調べていく内に同様に失敗している方が他にもいることがわかり、これは失敗したと確信してすぐに売却活動を開始しました」

いわゆる失敗スタートで、買ってから自分がカモになっていることに気づいたパターンですね。ちなみに物件のスペックがこんな感じ。

■エリア：大阪府　構造：鉄骨1K（18平米）×12戸　築年数：30年
購入年：2016年　購入価格：6400万円　購入時利回り：9％

「とにかく売却価格を高くするためには賃料を上げる必要があると考えました。そのために管理会社を変更し、広告費を相場の2倍以上に設定しました。生活保護を受け入れて家具家電付きにした部屋もあります。募集賃料を相場よりも月額1万円近く上げたので、満室になるまで1年以上もの時間がかかってしまいました。また売却時期がちょうど融資が閉まってきたタイミングであったため、なかなか売ることができず、最終的に50社以上に売却を依頼しました」

こうしたさまざまな工夫と努力の結果、2018年に損失なく売却することに成功。ビンテージクラブの初年度は戸建て1戸しか持っていませんでしたが、その後は神奈川県内の築古物件を次々と購入して再生させています。

「ハイレバレッジ投資からはじめた私ですが、スルガ銀行での融資により債務超過状態となってしまい、更なる融資を引くことが困難となってしまったので、融資無しでも購入できて高利回りを狙える築古戸建再生へ方針変更したのです。神奈川県西部を中心に戸建て・テラス×11戸、アパート用土地×1、貸倉庫×1を所有しています。利回りは17～40％ぐらいです。築古物件なら目安としては利回り15％以上のものを購入するようにしています。現金で購入した物件もありますが融資を利用している物件の方が多いです。売却に関しては、過去に一棟物を2つ、戸建てを1つ売却しています。基本は長期保有ですが、今後も少しずつ売却もしていくつもりです」

とのこと。テラスというと関西特有の連棟長屋の一戸所有を思い浮かべますが、彼の場合は神奈川県のテラスを一棟所有しているそうです。関西より上等だと思います。とくに昨年再生したテラスは僕が買うレベルのボロボロ物件で、安く上手に直して高利回りを実現しています。

「1LDK（45平米）×2戸のテラスハウスで、築51年で瓦屋根から雨漏りしており、天井から畳まで腐っている状態でした。要セットバックとはいえ再建築可能で価格100万円は安かったです。リフォーム費用を300万円くらいかけて、家賃は月額10万4000円で利回り28・4％です」

サンタメ業者のカモだった男ですが、とにかく地道にコツコツと努力を重ねて独自の事業を確立させて実力者となりました。

「再生を行うにあたってはビンテージクラブの皆さんにお世話になりました。とくにたくさんのメンバー所有物件を内覧させていただいて、自分一人だったら何年もかかったであろう経験を短期間で得ることができました。不動産を再生して客付けするまではそこそこ労力がかかりますが、入居後はほとんど手間なく安定して収入が入ってくるので、会社に依存せず生活できるようになったと思います」

ちなみに現在の月額ＣＦは約60万円で、２００万円を目指してさらなる規模拡大をする予定。足かせとなっていたスルガ融資もなくなったので、今後は新築アパートにチャレンジして、次のステージにステップアップしていくそうです。

こんな酒鬼腹さんから、最後に読者へのメッセージをもらいました。

「知識や経験がないなかで、最初から失敗をせずに成功するのはなかなか難しいことと思います。大きな失敗をしたくないのであれば、小さな物件で小さな失敗を積み重ねて徐々に規模を大きくするか、既に成功していて人として信頼できる大家と仲良くなり、教えてもらいながら進める。そのどちらかがいいのではないでしょうか。私自身、まだ道半ばで失敗もしていますが、努力すればリカバリー可能ということを学びました。失敗物件の売却はとても苦労しましたが、その後の大きな糧になりました。これからも、もっと物件を増やして経験を積んでいきたいです」

事例4　ヤバすぎる区分を損切りしてCFが給料を超えた公務員

ポリス節穴くん（仮名）

最後に登場するのは35歳の公務員、ポリス節穴くんです。奈良に奥さんと2人暮らし。ビンテージクラブは3年目で、とにかくガタイのいい強そうな男です。

「じつは私、バツイチなんです。28歳の時に前妻の金使いの荒さや生活態度に愛想をつかし離婚しました。200万円近く貯めていた通帳を生活費として渡していたのですが、離婚する際に返してもらったら残高はほぼゼロ。当時、僕の財布には数万円しかお金がなく、前妻に要求された手切れ金120万円は父から借りました」

なんと！　不動産投資の前に結婚でも失敗とは……。その後「とにかくお金を貯めないといけない」と一念発起。生活費で削れるものはとことん削り1年で200万円貯め、なんとかお父さんに全額返金できたそう。

「借金はなくなったものの、前妻との間には子どもがおり養育費を支払っていましたし、体力が資本の警察の仕事や将来にも不安を感じていました。そんな時、職場の先輩から『マンションのオーナーにならないか？』と誘われたのです。断りきれず不動産業者の営業マンと会うことになり、そこで『節税になる』『小遣いも入る』『支払いが終われば資産になる』とセールスされて、つい1戸目を購入してしまいました」

これが地獄の入口ですね！　さすが高属性な公務員、恐ろしいことにその後も融資が下りてポンポンと購入し、気付けば区分マンション5戸を計約7200万円で購入していました。チーン。

「お恥ずかしいことに、一度も見ずに行ったこともない場所にある物件を買ってしまいました。後から気付いたのですが、満室なのに月の収支がマイナス数万円という、とんでもない状況が、僕の不動産投資のスタートでした（泣）」

いや、3戸くらい持っている人はいますが、5戸とはなかなかのものです。

まさに本書でいうところの情弱なカモでしかない節穴くんですが、一体どのようにしてリカバリーしたのでしょうか。まずは〝失敗に気づくところ〟からはじまります。

「ある時、貯金ができないこと、月の出費がやたら多いことに疑問を感じ、ようやく自分の置かれている状況の危なさに気付きました。そして友人に勧められて小嶌さんの本を読み、VC2019への参加を決意しました。

1年目は物件の購入より区分売却のため、現金を残しておきたいという気持ちの方が強く、戸建て1戸（購入金額120万円・リフォーム費用25万円・利回り25％）しか買わず、リフォームはしたものの客付けもできず終わりました。

これでは大きく変われないと思い、2年目は区分の売却活動をしつつ、物件購入を優先。結果、戸建て2戸（購入金額25万円・リフォーム費用40万円・利回り45％／購入金額30万円・リフォーム費用なし・利回り72％）と12室の1棟アパート（購入金額2000万円・リフォーム費用なし・利回り20％）を購入し、現在は満室で稼働しています。おかげで手残りは月額40万円を超えることができました」

ナイスです！　間違いなく築古ボロですが、しっかり現金を稼いでくれています。ちなみに区分は2戸売却できたそうです（1戸は200万円かけて損切り。1戸は実需で売るために1年間あえて空室にして損なしで売却）。

ちなみにこれからの彼の目標は「区分をすべて売却して1棟をメインに購入。3年以内に本業を早期リタイアして賃貸業に専念すること」です。これは絶対に叶えられますね。すでに道は見えてます。最後に読者にメッセージをお願いします。

「不動産投資は再現性が高く、自分の頑張り次第で必ず結果が出せます。僕自身、初めは自分とは無縁の世界と思っていましたが、一度飛び込んでみて考えが180度変わりました。本業以外でも収入があると心にも余裕ができますし、自分の頑張り次第で本業に縛られない自由な生き方や時間が持てるんだという自信にもなります。もし本気で自分の人生を変えたいと思うなら、勇気を出して最初の一歩を踏み出してみてください。必ず今までとは違う世界に出会えます。こちらの世界で待ってます！」

熱いコメントありがとう。一度はポンコツ大家にされてしまったものの、友人の意見を聞き入れて、しっかりと行動したことで再生された良い事例ですね。

僕のまわりには意外と弱そうなポンコツ大家が多く、その後、物件を再生しながらちゃんと人も再生されています。

繰り返しになるけれど「諦めたら、そこで試合終了ですよ」です。酒鬼さん、節穴くんのように諦めずに行動することには意味があります！　もちろん、ゼロイチも同じ。ちゃんと動けば夢は叶います。

終章

社畜脱出後、さらなる成功へ‼

51 買い進めの考え方

買い進めの考え方は、1棟目から3棟目は経験を積むことを優先して、4棟目から少し大きめの物件の購入を目指します。

具体的には1棟目、2棟目でテラスハウスやボロ戸建てを買って、3棟目で小規模なアパートを買うのが好ましいと思います。

なにしろお金が無いところからスタートするので、最初の50万円以外はすべて借りたお金です。1棟目は現金購入ですが、家庭内融資を引きます。

2棟目も現金購入ですが、その現金が何とかできない人はカーローンで都合します。そして、3棟目で日本政策金融公庫を使うことを目指します。

僕の場合は、2棟目の戸建てを売却しており、そのお金で小規模アパートを現金購入して、リフォーム資金は公庫から借りています。ここで小規模アパートの取得費とリフォーム費用込は公庫で借りられたら理想的です。

もしくは僕と同様に、1棟目か2棟目で購入したテラスハウスや戸建てを売却して、次の物件を現金購入します。リフォーム費用は借りるというパターンでしょうか。

そして、次に買う小規模アパートは15％以上の高利回りを目指します。

高利回り物件となると、やはり良い条件の物件は買えません。イメージでいえば築40年の木造アパートや、築35年になる鉄骨の小ぶりな1棟マンションでしょうか。

ある程度まで規模拡大ができれば、キャッシュフローにも余裕が出て、入居ゼロでも再生は可能ですが、始めた当初であれば、半分程度の入居率で購入しましょう。

リフォームは、これも戸建てやテラスハウスと同じようにヒアリングをしてターゲットを決めます。その地域で「オシャレな人もいけるな！」と判断して、リフォーム費用の調達ができれば、売却を見据えてしっかりとリフォームしておくのも一考です。

いずれにしても、投資をスタートさせてから1～2年目は、とにかく資金に余裕がないものです。

もっとも理想的なのは先述した通り、購入費＋リフォーム費を公庫で借りることですが、取得費だけでも公庫で借りられるのであれば、最低限のリフォームを行います。

物件の価格帯としては2000万円までが目安で、後はどれだけ融資を引けるかです。

この集合住宅が壁になって進めないケースもあります。僕が教えている人にも、テラス戸建てを4戸まで買ったら打ち止めになる人が多いのです。

それは融資が壁になっているというよりも、物件探しを怠っているからです。くわえて集合住宅は、客付けが戸建てとちがって一気に難しくなります。

これが戸建てなら1人でも出会いがあり、ご縁があれば完了です。

少々、変なデザインになっており、仕上げが個性的でも、家賃の値段設定を自由に変更できます。それに比べて共同住宅は、元から入っている人の家賃が高めで、後から入居した人の家賃と差があったりします。

部屋もシンプルな造りで個性もなく、面積も少ないから大胆なリフォームができず、変化のつけようもありません。これで成功するには、個性の力よりも、しっかりとリサーチをして、現実に沿った物件にしていかなければいけません。

戸建てに比べて共同住宅は、まぐれ当たりが少ないですから、買う時に高値掴みをしたら経営が厳しくなります。つまり、戸建てよりも一気に難しくなるのです。そこを乗り超えて次のステージへ進みます。

また、3棟目まではスピードを優先したいところですが、自分でDIYをするとなれば、そんなに早くはできません。築古物件は不確定要素が多すぎて、思い通りに計算することが難しいからです。

ここで大切なのは、物件の買い進めに必要な融資の準備です。物件を購入したらすぐに確定申告をして、2期の黒字をしておくよう心がけておきましょう。

その後の買い進めにおいては、いくつかのパターンがあります。

開始して1年の間に物件を売ってキャッシュが得られた場合と、売却をせず共担になる物件を作り、そのまま家賃を貯めた場合とでは、そのやり方も変わります。

最初のころは現金がありませんから、とにかく小さなボロ物件に限定されると思います。買い進む際の物件の規模は、自分が望みどおりに選べるわけではありません。ですから、「買える！」と思った物件を買っていくしかありません。

難しいのは、そこで小さな物件ばかりを現金で購入してしまうと、そのうち理想とする大きな物件が来た際に資金が足りず、購入のチャンスを逃すこともあります。

それは時の運ですが、低価格の小さな物件は、その換金性が強みでもありますから、売却をしてお金を捻出できます。

そのためには、常に高利回りを追求して買っておかなくてはいけません。決して簡単なことではありませんが、筋トレだと割り切ってやるしかないのです。

52 規模拡大には「融資」が必須！

低属性がステージを駆け上がるためには、お金や感謝の気持ちを撒きながらでなければ誰もついて来ません。これは融資の際にも大事です。

そもそも、属性が低い人にはハンデがあります。高属性のサラリーマンや地主であれば、自分の与信を切り売りできますし、地主さんたちは、すでに持っている土地が担保になるので、同じ融資でも意味が違います。

言い換えれば銀行を選べる立場ですから、金利交渉もできるのです。

それに比べて低属性は、そもそも何も無いところからのスタートです。担保になる物件も信用もないわけですから、銀行にとってもお金を貸すメリットがありません。

そこをなんとか良い物件を見つけて、物件の担保で足りなければ共担を入れてでも借りていくしかないのです。

それを踏まえて、金融機関をどのように使っていくのかがポイントです。

金融機関の種類を説明すれば、誰もが知っているメガバンクや、地域の銀行である地方銀行に信用金庫・信用組合。そしてノンバンクと、政府系の金融機関として日本政策金融公庫があります。

やはり多くの金融機関と取引ができれば有利ですが、本書で紹介しているような耐用年数を過ぎた築古物件の取得に関しては融資が難しく、はじめは日本政策金融公庫が出してくれたら御の字です（かつてはノンバンクも出ましたが最近は厳しいです）。

そこで、ある程度の実績を積んでから信用金庫・信用組合で借りることを目指します。

金利条件については、そこまで気にしていませんが、大規模なサラリーマン大家さんの中には、金利を下げるべく金融機関と交渉するケースもあります。

金融機関を選べる状態なら金利交渉も「あり」ですが、僕のように「とにかく貸してもらいたい！」という状態なら、絶対に金利交渉はしません。

それというのも、僕の所有している物件は高利回りなので、たとえ金利が4％台であっても問題はありません。むしろ「貸してくれるだけありがたい！」という感謝の気持ちが勝るほどです。

もちろん、何億円も借りているようなハイレバレッジの人にすれば金利1％は大きいものです。しかし、小規模で高利回りなら、それが1％下がったところで数百万円も入るわけではありません。では、次からは実際に金融機関の使い方を解説していきます。

53

売却だけだと融資は行き詰まる

そもそも金融機関の融資に対する姿勢は水物です。僕の場合、家賃収入から得られる利益よりも売却による利益のほうが多く、金融機関からは安定した事業として見てもらえませんでした。

これは僕の本を読んで、僕のやり方で不動産投資を進めていきたいと考える人にとっては、通らなければいけない道です。お金がなくてレバレッジを効かせられないから、とりあえず売却益を積み上げていくしかないわけです。

たとえば、家賃が5万円だとして、1年で60万円です。それをコツコツと貯めていくとスピードが遅くなります。やはり売却を進めていくしかありません。

しかし、売却で利益をつくっている状態では、お金を貸してもらえません。「不動産の売買で儲けているのなら、あなたは業者さんでしょう。じゃあ、業者になりなさい。売買の反復継続は宅建業法違反でしょう」と言われるのです。

たしかにプロでもない大家が売買を繰り返し行うことは違法なのですが、「何回売ったたらアウトか?」について明確な基準は存在しません。だから実際には違法であるとは言い切れないのですが、金融機関からすると、そこが引っかかってしまいます。

政府系の金融機関である日本政策金融公庫（次ページで紹介）も最初は助けてくれますが、やはり売買をたくさんしていると「業者でしょう?」と言われて融資が止まるのです。

そこで融資が止まったときに貸してくれる金融機関を探す必要があります。

基本的に、そんなことはお構いなしで貸してくれるのがノンバンクです。最近はノンバンクもなかなか貸してくれませんが、基本は可能です。もしくは地銀や信金のリフォームローンです。

僕は返済比率なんて関係なしで7年で買って売って、買って売っての繰り返しをしました。ですから長期融資を組んだことがなくて、いわゆる業者さんが組むようなプロジェクト融資に近い形で融資を受けていました。

そうやって金欠の社畜であった僕は、金融機関から全く信用がない状態から、物件を売買して現金を増やした結果、アパートを買えるようになりました。アパートを所有していると、金融機関もようやく僕のことを大家として認めてくれます。

とりあえず今お金が全然ないなら、1棟目はなんとかかき集めた現金で買って、2棟目からある程度の規模までは、どんな条件でもいいから融資を借りることを目標にします。

小さな物件を買って売って種銭をつくれたら、そこで軌道修正して、ある程度の利益が出る物件を買っていきます。

キャピタルゲインからインカムゲインにシフトして、普通の大家になっていくのです。

そこまでくれば、また新しい金融機関がお金を貸してくれます。

僕の本の読者で誤解をしている人も多いのですが、常にボロの高利回りテラスや戸建てを買うことをおすすめしているわけではありません。

不動産投資の初期と中期では買うべき物件が変わってくるし、使う金融機関も変わっていくということです。そこをきちんと判断する必要があります。

54 初心者におすすめの融資

日本政策金融公庫は政府系の金融機関で、若者・女性・シニア・新規創業など広く門戸が開かれています。

公庫を使うためには、基本的に確定申告2期分が必要ですから、物件を買った時点で必ず確定申告をしましょう。

その際に空室があってはいけません。クチコミを使って住んでくれる人を探すなり、友達でもよいので、なんとしてでも売上を出して黒字にしておきます。たった1カ月でもいいですから、確定申告を黒字にします。そして、多少なりとも税金を払うことが、公庫で借りるための必須条件です。

最短2期とは、まるまる2年ではなく、極論をいえば13カ月でも大丈夫です。これで黒字が2期あると認められますから融資が使えるようになります。それをなるべく早い段階で行っておくことが大切です。

公庫には、物件を買うための融資とリフォームの融資があります。僕は公庫で借りてアパートを買っていますが、テラスハウスを公庫で購入している人もいますし、リフォーム費用と物件費用を合わせて借りることもできます。

その他、保証協会付き融資で地方銀行・信用金庫にアタックする方法もあります。

いずれにしても、金融機関は支店間によっても温度差があると思います。

そのため借りる時は、飛び込みよりも紹介のほうが絶対に有効なのは言うまでもありません。紹介を得て、不動産投資の融資に強い担当者がいる金融機関に行くことをおすすめします。

55 これからの不動産投資①
より規模を拡大するための組み換え

耐用年数オーバーの物件を中心に買っていると、他の金融機関から見て債務超過《さいむちょうか》に見られてしまいます。そのため、より大きな物件、より新しい物件を購入したいと思ってもお金を借りることができません。

債務超過とは、資産と負債のバランスが崩れて、負債が大きくなってしまっている状態を指します。

簡単にいえば「持っている資産を全部売っても借金が残る状態」なので、他の金融機関からすれば「この人にはとても貸せない」と判断されてしまうのです。

物件評価の仕方は様々ですが、耐用年数オーバーの物件に融資をする金融機関と、1棟耐用年数内の物件に融資する金融機関とではまったく異なります。

そのため、社畜脱出（＝年間のキャッシュフローが数百万円）のステージから、より投資規模を拡大して、お金持ちになるステージにステップアップしようと思えば、金融機関との付き合い方もまた変化します。

具体的な流れでいえば、不動産投資を始めて2年目になるころには、小ぶりな1棟アパートと戸建て2戸くらいは所有できているのが理想です。念願である社畜脱出にほど遠いのですが、ここで12戸ほどのアパートでも手に入れられたら、家賃収入が50万円程度にはなるでしょう。

そこからは同じことを繰り返していけばいいのです。戸建て〜戸建て〜アパート。そして戸建て〜アパートです。戸建ての売却を交えて手元のキャッシュを厚くして、より大きな1棟アパートに挑戦できれば、規模拡大が容易になっていきます。

そこから100戸、200戸と、本当の規模拡大へステップアップしていくためには、公庫やノンバンクで融資付をした物件を売却するか、もしくは他の物件の利益から完済してしまうかです。

先述した通り、最初のステージで使う公庫やノンバンクは、駆け上がる時に必要な金融機関ですが、そのあとの買い進めにおいてはハンデになりうることを覚えておいてください。そこで売却した利益を投入、もしくは売却をして、資産の組み換えを行うことで、次のステージに進めます。

僕の場合は、りそな銀行で借り換えを行っています。これは築年数関係なく最大30年で融資が組めるCSジョイントという制度です。規定を満たした関西の法人だけが使えるのですが、決算書の純資産の数字が3000万円以上になってきたらエントリーできると税理士にアドバイスを受けてチャレンジしました。

この借り換えをしたのは2018年です。それまでは公庫・信金・ノンバンクから平均15年で合計8000万円借りていた融資が、30年で金利が約1・2%となりました。元金が減らないのは仕方ありませんが、キャッシュフローが年間で700万円も伸びました。

僕の借り換えた8000万円のうち、西岐阜のRC造マンションと門真市という大阪のロードサイドのRC造マンションの2棟で7000万円の評価が出て、実売価格2000万円くらいの木造アパートの価値は500万円となりました。

それから岐阜の田舎にある学生向けRC造マンションは、2000万円で買って利回り20%ですが、場所が悪いから価値は500万円です。

この場合、場所がそこまで良くなくて耐用年数が終わっていても価値が出ているという見方です。やはりRCの評価がボロくても高いです。耐用年数の終わっている物件でも評価が出ています。

本来であれば、りそな銀行は築古物件に融資をしませんが、2億円までなら保証協会が保証してくれるため、グッとハードルが下がっているのです。

このCSジョイントは関西エリアの中級・上級の人ならは使える可能性があります。「もしかしたらうちの物件も？」と思われたら、ぜひ金融機関に相談してみてください。信金は金利がちょっと高くなりますので、できれば金利が低い都市銀行のほうがいいです。

56 これからの不動産投資② スーパーキャッシュマシーン

本書では、お金がない中でコツコツと小さな物件を積み重ねること、くわえて融資や売却を組み合わせることにより、スピード感をつける手法をおすすめしていますが、買い増やすタイミングや売却を行うタイミングも人それぞれで変わります。

同じような戸建てでも、所有するのか、売却するのか、そのお金で戸建てを増やすのか、それともアパートを増やすのかと少しずつ分岐していくと思います。

これまでのスキルは、売却を織り交ぜて利益を確定させ、キャッシュを入れて買い進める方向です。

まるでコロコロと雪だるまのように増えていくのですが、資産を組み換えていく中で、キャッシュマシーンを作るのも1つの方法です。売却益ほど気持ちのいいものではありませんが、やはり安定的な収入は良いものです。

僕のキャッシュマシーンは7年前から運営するシェアハウスです。第3章で概要に触れていますが、当時、大家業が落ち着き、会社勤めをしていた時に比べて圧倒的に時間ができました。

世の中の人が汗水たらして働いている中、暇をもてあますことさえあります。会社員時代のように労働力で稼ぐ気にはなれないのですが、お金を稼ぐ仕組み作りのためなら一生懸命に働きたいと考えました。

そこで風呂も無いようなボロボロの木造アパートを購入し、リフォームもしてシェアハウスに再生することを思い立ちました。人が住む箱を作って、そこに人が住む流れを仕組み化すればよいと考えたのです。

大阪でシェアハウスを早くからやっていた先輩に運営していくコツを聞いたところ、「ルールはあんたが決めるんや！」と言われて迷いが吹っ切れました。

7年前といえば、シェアハウスを新築時には寄宿舎にしなければならないと決められた時期でした。

今もそうですが、シェアハウスは中古の戸建てをリフォームして行うケースも多く、比較的に安価で高利回りの物件を作り出せます。古くてボロいシェハウスであっても、金額が安ければ入居者が喜んで住みます。

それにシェアハウスは水回りが最低限で済みます。浴室も、ゆったりとした浴槽ではなくて、ボックスのようなシャワールームです。15室や18室の物件に対してシャワーが2基ですから、決して多くありません。

僕の場合は、シェアハウスを800万円ほどで仕上げており、満室になれば利回りが50%以上、それこそキャッシュマシーンです。まるで年収450万円のサラリーマン1人が、僕のためだけに働いてくれるようなものです。

それを1棟、2棟、3棟と増やしていけば、3人のサラリーマンが文句も言わず僕のために働いているのと同じです。これは現金で行っているため最強です。

ここでお伝えしたいポイントは、シェアハウスの募集サイトに載せれば、入居者の動きがダイレクトに理解できるということです。

いわゆる普通賃貸では、客付の不動産業者が欠かせない存在で、仲介手数料や広告費など客付にコストがかかります。

シェアハウスはそうではなく、インターネットのみで人を集める仕組みが確立されています。メールで内見希望者と直接やりとりするため、それだけに入居者の波が見えやすいのです。

自分の所有する不動産をどこの誰に借りてもらうのか、そこを考えた時に、普通賃貸とは別にシェアハウスを持つのはリスクヘッジになると考えます。

ちなみに入居者とは、仲介業者を通さず定期借家契約を結んでいます。

普通の賃貸契約（普通借家契約）では、1度契約をしてしまうと、問題のある入居者であっても、なかなか退去させることはできない、大家さんに不利な内容です。しかし、定期借家契約では、契約の更新がないため、契約期間が終了した時点で確実に明け渡して貰えます。

簡単にいうと、問題のある入居者であれば、契約期間終了後に退去させられるのです。もちろん、優良な入居者は再契約をして住んでもらうことができます。

最初は3カ月で契約を交わしています。それが無職の人でも問いませんし、外国人でもOKです。保証会社も使いません。

そのかわり、僕自身がしっかり面談をしています。ただし、外国人の場合は、僕と会話ができることが条件です。つまり日本語が話せるというハードルを設けています。

それが功を奏したのか、これまでに夜逃げや滞納はありません。とはいえ、こちらとしては夜逃げをされても困りません。家賃は前払いだから踏み倒しようがないのです。

入金や連絡事項はすべてLINEで管理しています。全入居者をグループにして、「家賃を支払っていない人は、振込んでくださいね」と流すのです。この1通で全員まとめて済ませられます。そして、家賃が払われなくなった時点で即退去して貰います。

滞納者への対応ですが、たまに「振込みました」と平気で嘘をつく人もいます。その場合は「もしかして生活が苦しいの？」と相談に乗ります。ここでのポイントは「気持ちよく」「関係良く」です。

そして、「生活が厳しいなら、安いワンルームを一緒に探してあげてもええよ」と、より安いワンルームに引っ越しを促します。大阪市はすでに供給過剰になっており、3点ユニットの狭小ワンルームは2万円前後からあります。

そもそもアパートの入居者と違って、シェアハウスの入居者は身軽です。基本的にスーツケース一つで引っ越してきますから、残置物で困る可能性も少ないのです。

このようにシェアハウスは仕組み化が肝となります。

僕は月に1回くらいの頻度で、食事会がてら様子を見に行く程度です。

シェアハウスといえば入居者同士のコミュニティが重要視される傾向にありますが、特別なことをする必要はありません。言い換えれば、わずか月に1回の労力でお金が入ってくる仕事なのです。

入居者の1人に家賃を5000円安くする代わりに班長になってもらい備品管理を委託します。掃除も当番制にしたり、入居者にバイトしてもらえれば、自分は働きながらでも運営がラクにできます。

こうして、ほどほどの距離感でお互いを尊重して、キレイに部屋を使ってもらいます。

投資初心者に向けたやり方の提案として、僕はボロアパートを現金で購入、リフォームをしてシェアハウスを作りましたが、転貸でのシェアハウス運営も可能です。

そこで大事なのは、それほどお金がかからなくても、大家さんになれるということです。転貸のシェアハウスを行う場合に必要な初期費用は、敷金・礼金・保証金に、それと家具代です。その家具もニトリやＩＫＥＡで十分です。

電子レンジやテレビは中古で買います。高価なのはエアコンで、これはすべての部屋に設置しておかなければいけません。僕はそのエアコンさえ中古で仕入れました。

これまで高利回りで物件を稼働させる方法として、生活保護者向けのアパートもありましたが、先述したとおり代理納付制度のない大阪では、家賃滞納のリスクも伴います。

そこで若者向けのシェアハウスにすれば、退去ごとの修繕をする必要がなくなりますし、タバコも禁止できます。

あらかじめデポジット（保証金）を預かったうえで、退去時にしっかり掃除してくれたら全額返却と決めておけば、彼らは本気になって掃除をします。

家賃のほかに入居者が支払う費用は初回の事務手数料、月々の光熱費として共益費を徴収します。真冬と真夏だけは少しオーバーしますが、あとはしっかり費用内で収まります。あらゆるコストがぐっと減り、決算書上で出ていくお金が格段と少なくなります。

正直、シェアハウスについては地域によってニーズも変わる部分がありますので、僕の手法が全国に通用するのかわかりません。それでも、うまくその地にあったシェアハウスを提供できれば、キャッシュマシーンを手に入れられると思います。

57 大家難民にならないためのチーム作り

最後に僕が伝えたいのは、たった一人で不動産投資を行うのではなくて、チームで不動産投資を行うということです。

情報が溢れる中で、どのように動いていいかわからない人。お金がないから困難な道に進むしかない、それにも関わらず相談できる人もいない……そんな大家難民にならないためのチームです。

不動産投資は団体戦が圧倒的に強いです。お金を持っている人、持っていない人、リスクのとれる人、行動力がある人……。チームがあったからこそ、今の僕があります。

まったくお金がない人は「客」でも「カモ」でもないため、誰からも相手にもされませんが、それでも物件をどんどん買えるチームの一員であることで、「これから買う人」になれるのです。

そして物件がすぐに買えなくても、物件を探すなり、客付の手伝いなど大家としての活動ができます。僕自身もそれで育ちました。これは誰か1人だけが得をすることはなく、みんなが得をします。

情報はもちろん、チームで人間関係の構築をしておけば、1棟目の物件からDIYを手伝ってくれる人も確保できますし、あまったペンキをわけてもらうこともできるでしょう。その人に足りないものがあれば、それを埋めてくれるのがチームなのです。

普通のコミュニティである大家の会・大家塾との違いは、たとえば1人の投資家を中心とした大家塾の場合では、その大家さんから参加する大家さんへ、一方通行である場合がほとんどですし、たった1人のマンパワーなんてたかがしれています。

僕たち不動産投資家が束になることでパワーを持つのです。だからこそ、みんな同じ目標に向けて動くのがポイントです。

僕自身が駆け出しの頃に参加していた不動産投資のチームは、メンバー達が飛躍的な成長を果たした末に、役目を終えて解散しました。

そして、本書の初版の発売をきっかけに「ビンテージクラブ」という大家コミュニティを立ち上げました。早いもので4年目を迎えています。

メンバーたちのいろんな成功や悩み、失敗を見ることができて僕自身も成長しました。

不動産投資を成功させて社畜脱出を果たす人は毎年何人かいる反面、自分が正しいと思うことをなぞろうとして遠回りしたり失敗したりする人もいました。

よく言われることですが、不動産投資には正解がなく、僕にとって正しいやり方が、その人によっては向いていない場合もあるのです。

過去の自分と同じように気持ちはあっても、属性やお金が乏しい初心者の人達。

その他にもすでにまとまった家賃収入を得ながら高利回りや再生、チームプレイに魅力を感じていただける中級者の人達。

なぜここにいるかわからない超大物の人達など、大切な仲間がたくさん増えて僕はとても嬉しいです。

あとがき――ゾウより強い、踏みつぶされないアリを目指そう！

最後までお読みいただきまして、誠にありがとうございます！

僕ならこの本すら、最後まで読むことができなかったと思います（笑）。

それだけでも、あなたは僕よりすごいと思います。

最近、僕のまわりには成功した大規模投資家さんが多いです。規模が大きければいいのか？　小さければダメなのか？

象やライオンが最強なのか、もしかするとネズミが強いかもしれないし、アリのほうが強いのかもしれません。最強なのはゴキブリやフナムシかもしれません。恐竜は体が大きいけれど、寒さなど外的要因で絶滅しました。

最強というのは一番儲かったことよりも、何があっても「生き残る」ことではないでしょうか。一点集中型で長年続けていれば、ゾウにはなれないけれど絶対に踏み潰されないアリになります。

だから小さい戸建てばかりをコツコツ現金で売買している人も強いのです。僕からすると大きなゾウより小さくても強いアリに価値を感じます。

僕の考える「不動産進化論」では、ある程度の規模になれば、もしくは資産家であれば、融資に流れるほうが実は簡単です。

大きな投資をしたほうが、利益が少なくても手に残るお金が大きいからです。でも僕はあえて「規模拡大すること＝正しいこと」ではないとお伝えしたいです。

もちろん規模拡大や資産の組換えをするのも一つの道、どちらかといえば王道です。

僕はよく人から「いつまで同じことやってんの？」と呆れられるのですが、そこをあえて踏みとどまる潔さは伝統芸能のようなもの。絶滅種のヤマネコのようなもので、他人と競わずのんびりマイペースにしています。

じつは不動産投資家の強者の中には一点突破で同じことをずっとやっている人もたくさんいます。それはどのジャンルでもいます。僕はテラス再生のイメージが強いですが、アパート、ＲＣマンション、かつては工場、最近だとドヤなど、住居でもない物件まで含めて再生するのが得意です。

知っているケースだと戸建てを極めている人や新築を極めている人もいます。

戸建てＤＩＹでプロレベルで内装をキレイに仕上げる人や、外壁塗装から何から何まで自分でしちゃう人、ＤＩＹといえば太陽光発電を自分でつくっちゃう人もいます。

新築だって築古と対極に見えますが、吹けば飛ぶようなボロが建っている土地を仕込むところは僕と紙一重な気もします。

いずれにしても本文で書いたように「○○が絶対に正しい！」ということはないので、初めは歯を食いしばって大家業を軌道に乗せて、自分なりの道を見つけるのが良いと思います。途中で方向転換するもよし、僕のように伝統芸能でも良いでしょう。

大切なのは自分とまわりの人が幸せであることです。そして、余裕が出てきたら人のため、仲間のために動きます。

まずは、その一歩を踏み出すこと。小さなアリでもいいから、末永く楽しく生き延びましょう！

最後にお礼を……。いつも僕を助けてくれる上田くん、マジコシャン、出版に際してお世話になったぱる出版の瀧口さん、執筆協力いただいた布施さん、僕の仲間であるビンテージクラブのみんなもありがとう！　それから最愛の妻、わんぱくな息子たち、僕を見守ってくれる両親にも感謝します。

２０２１年２月吉日　　廃屋物件の現場から愛をこめて　　小嶌大介

期間限定

本書購入者限定！

豪華特典付き 特別メルマガ講座のご案内

本書をご愛読いただけた方限定で、実際に「不動産投資に取り組みたい！」と思ってくれた方のために、書籍では“とある事情”により詳しく書けなかった「資金調達」「リサーチ」「査定」「修繕」「客付」「売却」などのテーマに沿って、小嶌式・不動産投資のノウハウを全て公開する“特別メルマガ講座”を豪華特典とともにプレゼントいたします。本書と併せてぜひご活用ください。

★豪華特典内容★

特典①：利回り２０～８０％で仕上げた物件実例集「完全版」

どのように物件を見つけ、査定し、いくらで買い付けを入れて、どう仕上げたのか？“超激安”で仕入れた物件から、“デザイナーズ”に仕上げた物件情報まで、一連のストーリーを紹介した実例集です。書籍やネットの情報からは決して知ることができない本物の情報が満載！これから不動産投資を実践していく上で、大いに参考になります。

特典②：書籍“幻の初版ディレクターズカットバージョン”

編集の関係でやむなくカットした、全てのエピソードを収録した本書の初版バージョンを特別にプレゼント。より深く、よりマニアックに小嶌を知りたい方はどうぞお楽しみに。

★以下のURLにアクセスして登録していただくか、
スマホをお持ちの方は右のQRコードを読み取って
サイトへアクセスして登録してください。

URL　http://magicod.net/wp/qr/

本特典の提供は、 magico㈱が実施します。販売書店、取扱図書館とは関係ございません。
お問い合わせは、majico.info@gmail.comまでお願い致します。
なお、本特典は期間限定ですので、予告なく終了することがありますので、お早めにお申し込みください。

小嶌 大介（こじま・だいすけ）
1975年、大阪生まれ。芸術系大学を卒業後、広告業界で約10年間グラフィックデザイナーとして勤務。2010年脱サラを目指し、手持ち50万円から不動産投資に挑戦。独自の目線と切り口で築古物件をブランディングし次々と高利回り物件に再生、蘇生するリノベデザイナーとして、業界で一目置かれる。所有物件28棟200室、年間満室収入8,500万円、平均利回り30％。不動産投資団体戦「ビンテージクラブ」主宰。著書に『だから、失敗する！不動産投資【実録ウラ話】』（ぱる出版）『持ち家で人生が変わった！最強の家探し』（プラチナ出版）などがある。

◎おふかな　https://ofukana.jp
◎公式サイト　https://www.magicod.net

元手《もとで》50万円《まんえん》を月収《げっしゅう》50万円《まんえん》に変《か》える不動産投資法《ふどうさんとうしほう》

2021年 3月16日　初版発行

著者　小《こ》 嶌《じま》 大《だい》 介《すけ》
発行者　和田智明
発行所　株式会社 ぱる出版

〒160-0011　東京都新宿区若葉1-9-16
03(3353)2835—代表　03(3353)2826—FAX
03(3353)3679—編集
振替　東京 00100-3-131586
印刷・製本　中央精版印刷(株)

ISBN978-4-8272-1270-9 C0033